essentials

Essentials liefern aktuelles Wissen in konzentrierter Form. Die Essenz dessen, worauf es als „State-of-the-Art" in der gegenwärtigen Fachdiskussion oder in der Praxis ankommt. Essentials informieren schnell, unkompliziert und verständlich

* als Einführung in ein aktuelles Thema aus Ihrem Fachgebiet
* als Einstieg in ein für Sie noch unbekanntes Themenfeld
* als Einblick, um zum Thema mitreden zu können.

Die Bücher in elektronischer und gedruckter Form bringen das Expertenwissen von Springer-Fachautoren kompakt zur Darstellung. Sie sind besonders für die Nutzung als eBook auf Tablet-PCs, eBook-Readern und Smartphones geeignet.

Essentials: Wissensbausteine aus Wirtschaft und Gesellschaft, Medizin, Psychologie und Gesundheitsberufen, Technik und Naturwissenschaften. Von renommierten Autoren der Verlagsmarken Springer Gabler, Springer VS, Springer Medizin, Springer Spektrum, Springer Vieweg und Springer Psychologie.

Sebastian Klipper

Cyber Security

Ein Einblick für Wirtschaftswissenschaftler

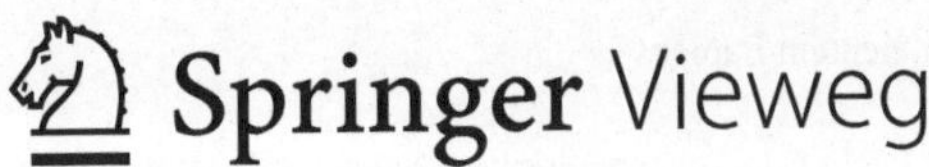

Sebastian Klipper
Kiel
Deutschland

ISSN 2197-6708   ISSN 2197-6716 (electronic)
essentials
ISBN 978-3-658-11576-0   ISBN 978-3-658-11577-7 (eBook)
DOI 10.1007/978-3-658-11577-7

Die Deutsche Nationalbibliothek verzeichnet diese Publikation in der Deutschen Nationalbibliografie; detaillierte bibliografische Daten sind im Internet über http://dnb.d-nb.de abrufbar.

Springer Vieweg

Gedruckt auf säurefreiem und chlorfrei gebleichtem Papier

Springer Fachmedien Wiesbaden ist Teil der Fachverlagsgruppe Springer Science+Business Media
(www.springer.com)

Vorwort

Das vorliegend Essential ist mein drittes Fachbuch rund um das Thema IT-Security. Die ersten beiden Bücher richteten sich – wie die meisten Fachbücher zu diesem Fachgebiet – vor allem an Sicherheitsexperten oder zumindest an LeserInnen mit IT-Background. IT-Security war in der Vergangenheit eher etwas für Insider – meist dominiert von Nerds und Hackern.

In den letzten Jahren gewann das Themenfeld unter den Begriffen Informationssicherheit und Cyber Security auch außerhalb der Fachkreise schleichend an Bedeutung. Security wurde Management-Aufgabe und beschäftigt nun auch Vorstände, Geschäftsführer und die Politik. Die Reibungsverluste in der Kommunikation zwischen IT-Security-Abteilungen und Entscheidungsträgern in Unternehmen und Behörden sind jedoch beträchtlich. Auf der einen Seite dieser schwierigen Kommunikationslinie stehen die wirtschaftlich geprägten Entscheider und auf der anderen Seite die von technischen Möglichkeiten begeisterten Security-Experten. Meist sind die beiden Pole durch mehrere Hierarchieebenen voneinander getrennt.

Spätestens durch die Enthüllungen des Whistleblowers Edward Snowden zu den Spionageaktivitäten der USA ist das Thema Cyber Security in aller Munde. Wichtige Magazine und Tageszeitungen berichten regelmäßig zu aktuellen Vorfällen auf ihren Titelseiten oder das Fernsehen sendet immer häufiger auch zur Primetime. Cyber Security ist zu einem der wichtigsten Zukunftsthemen unserer Zeit geworden, das Unternehmen, Behörden, Regierungen und Bürger gleichermaßen bewegt. Politiker und Führungskräfte werden heute zu Antworten auf Fragen genötigt, die vor wenigen Jahren nur in Fachkreisen gestellt wurden. Vielfach sehen sie dabei wenig glücklich aus – das muss nicht sein.

Das Essential „Cyber Security – Ein Einblick für Wirtschaftswissenschaftler" richtet sich gezielt an Entscheidungsträger und Führungskräfte mit wirtschaftswissenschaftlichem Background sowie Dozierende und Studierende der Wirtschaftswissenschaften. Es soll Ökonomen aus Lehre, Forschung und Praxis mit grundlegenden Begriffen und Denkansätzen der Cyber Security vertraut machen und auf diese Weise die Kompetenz vermitteln, sich aktiv an der Diskussion zu beteiligen. Es bildet die Grundlage dazu, in Entscheidungssituationen mit Experten auf einer Höhe zu sein und der Führungsrolle innerhalb der jeweiligen Organisation gerecht zu werden.

Cyber Security ist längst nicht mehr nur die Aufgabe eines elitären Kreises von Technik-Experten. Das Thema beschäftigt Organisationen als Ganzes. Ausgehend von diesem Gedanken habe ich das Konzept zu diesem Buch entwickelt, das einen kleinen Beitrag dazu leisten soll, diese professionsübergreifende, gemeinsame Aufgabe erfolgreich zu bewältigen.

Ich wünsche Ihnen viel Freude bei der Lektüre und freue mich über Ihr Feedback.

Sebastian Klipper
im Herbst 2015
mail@sebastianklipper.info

Was Sie in diesem Essential finden können

- Grundlegende Begriffe und Denkansätze der Cyber Security
- Pflicht-Know-how für Ökonomen aus Praxis, Lehre und Forschung
- Kompetenz für eines der wichtigsten Zukunftsthemen unserer Zeit
- Cyber Security durch die Brille des Ökonomen – ohne technische Details
- Entscheider aus Wirtschaft und Politik erfahren, worauf es für sie ankommt

Inhaltsverzeichnis

Einführung

Cyber Security – Ein Einblick für Wirtschaftswissenschaftler

Die Herausforderungen der Cyber Security sind vielfältig und komplex und den Takt geben nicht diejenigen an, die sich auf einem Markt als reguläre Teilnehmer bewegen. Taktgeber sind Kriminelle, Geheimdienste, unzufriedene Mitarbeiter, Whistleblower und destruktive Kräfte. Wir kämpfen in diesem Umfeld also gegen Angreifer, deren Motive sich nur schwer mit den Maßstäben der Opfer fassen lassen. Bei den Angreifern ist nicht die Wertschöpfung innerhalb der vorgegebenen Gesetzesordnung der Erfolgsmaßstab, sondern die Störung oder gar Zerstörung derselben zugunsten einer illegalen Gewinnerzielung. Häufig fehlt selbst dieses Motiv. Einzelne Angreifer nehmen ein hohes persönliches Risiko in Kauf, ohne dass dem ein mit wirtschaftlichen Maßstäben zu beschreibender Gegenwert gegenüber stünde. Haben wir es mit institutionellen Angreifern wie Geheimdiensten zu tun, spielt Geld häufig keine Rolle und die Motive werden von rein politischen Erwägungen bestimmt.

▶ Anstrengungen zur Cyber Security müssen sich an irregulären, kriminellen und illegalen Akteuren orientieren, während sich alle anderen Bereiche einer Organisation mit regulären Marktteilnehmern, Kunden oder Zulieferern befassen.

Wer bedroht die Cyber Security?

- Kriminelle bedrohen die Cyber Security meist mit dem Ziel, auf illegalem Weg zu viel Geld zu kommen. Der angerichtete Schaden spielt dabei keine Rolle.

© Springer Fachmedien Wiesbaden 2015

S. Klipper, *Cyber Security,* essentials, DOI 10.1007/978-3-658-11577-7_1

- Geheimdienste sind eine unkalkulierbare Bedrohung mit nahezu unbegrenzten Mitteln.
- Hacker können Organisationen in große Schwierigkeiten bringen. Der Anteil der verantwortungsbewussten Hacker sinkt stetig. Die Szene kommerzialisiert sich zunehmend und das Hacker-Know-how wird so für Kriminelle und Geheimdienste verfügbar.
- Unzufriedene Mitarbeiter können großen Schaden anrichten, weil Sie regulär Zugang zu wichtigen Systemen und sensiblen Informationen haben.
- Whistleblower sind häufig gesellschaftlich wichtig, für die betroffene Organisation jedoch äußerst gefährlich.
- In der heutigen Zeit bedrohen auch reguläre Marktteilnehmer die Cyber Security.

Bei einem Banküberfall im traditionellen Sinne, war es nötig eine Bank zu betreten, eventuell Waffengewalt einzusetzen und sogar den Tod von Menschen in Kauf zu nehmen. Das erfordert ein Höchstmaß krimineller Energie und die Bereitschaft, sich für den kurzfristigen finanziellen Erfolg auf Dauer von einem bürgerlichen Leben zu verabschieden.

▶ Für Angriffe auf die Cyber Security müssen Angreifer nicht vor Ort sein.

Heute werden Angriffe auf Banken online verübt. Während früher wenige zehntausend Euro erbeutet wurden, geht es heute um zweistellige Millionenbeträge. Man hebt das Geld einfach mit manipulierten Kreditkarten ab oder überweist es mit gestohlenen Zugangsdaten ins Ausland. Laut Schätzung des BKA wurden im Jahr 2013 allein in Deutschland rund 180 Mio. € durch Überweisungen von privaten Konten gestohlen [1].

Bei einem Raubzug mit manipulierten Kreditkarten stahlen Angreifer im Februar 2013 in nur einer Nacht ca. 40 Mio. $ Bargeld – ca. 2 Mio. € allein in Deutschland – ganz ohne Pistole [2]. Im Jahr 2012 wurden alleine durch Betrug mit Kredit- und EC-Karten im europäischen Zahlungsraum laut Angaben der Europäischen Zentralbank (EZB) rund 1,33 Mrd. € erbeutet [3]. Beim größten Cyber Bankraubzug der Geschichte schließlich ergaunerte die Carbanak-Gruppe über einen Zeitraum von zwei Jahren weltweit ca. eine Milliarde Euro, bevor der Fall 2015 aufgedeckt wurde [4]. Der Fall sprengte jede bisher dagewesene Dimension – sicher nicht das Ende der Fahnenstange.

Die für diese Angriffe benötigte kriminelle Energie ist viel geringer, als die für eine Straftat aus dem letzten Jahrtausend. Und das bei deutlich reduziertem Risiko:

Laut BKA werden nur 10 % der Fälle von leergeräumten Online-Konten angezeigt [1]. Wenn ein Konto online geplündert wird, ist der Schaden rein finanzieller Natur und liegt zunächst allein bei der Bank. In so einem Fall ist auch das Strafverfolgungsinteresse der Öffentlichkeit ein anderes, als wenn ein bewaffneter Täter eine Sparkassenfiliale ausraubt und auf der Flucht einen Polizisten anschießt.

▶ Für Angriffe auf die Cyber Security gehen Angreifer ein deutlich geringeres Strafverfolgungsrisiko ein, als bei einem vergleichbar „lukrativen" Angriff in der realen Welt.

Hinzu kommt, dass die Adjektive „irregulär", „kriminell" und „illegal" häufig nur für den Wertemaßstab der Organisation gelten, für die man tätig ist. Ein Mitarbeiter eines ausländischen Geheimdienstes dient seinem Land ebenso, wie ein Mitarbeiter des deutschen Auslandsnachrichtendienstes BND. In seinem Land tut er nichts Illegales. Das gilt auch für andere Aktionen gegen Organisationen, die in dem Land, aus dem sie verübt werden, keine Straftat sind. In den USA warten zum Beispiel auf Edward Snowden Jahrzehnte lange Haftstrafen, in Russland oder der Bundesrepublik Deutschland nicht. Der BND will sogar selbst im grauen Markt für Computerschwachstellen mitmischen und Hacker-Know-how einkaufen [5]. Für Know-how-Träger zu Angriffen auf die Cyber Security bietet sich so ein lukratives Geschäftsfeld, ohne sich selbst strafbar zu machen. Im Gegenteil: auf diese Weise gehen sie einer regulären Beschäftigung nach. Sie werden sozusagen zum Waffenlieferant – ob die Waffe hinterher für Industriespionage von Geheimdiensten genutzt oder eine Straftat damit begangen wird, liegt nicht in der Macht des Verkäufers.

▶ Know-how-Träger für Angriffe auf die Cyber Security müssen sich nicht unbedingt selbst strafbar machen.

▶ Die Entstehung eines grauen Markts für Angriffs-Know-how ruft institutionelle Player wie Nachrichtendienste, Armeen und die Organisierte Kriminalität auf den Plan.

Beim größten Datendiebstahl der Geschichte im April 2011 verlor Sony bei mehreren Attacken des Hacker-Kollektivs Anonymous vertrauliche Datensätze von mehr als 75 Mio. Kunden [6]. Zuvor reichte Sony im Januar 2011 Klagen gegen die Hacker George Hotz und Alexander Egorenkov ein, denen vorgeworfen wurde, Informationen zum Kopierschutzsystem der PlayStation 3 öffentlich gemacht zu haben. Damit zog sich Sony den Unmut des Hackerkollektivs Anonymous zu und wurde Opfer einer beispiellosen Offensive, die dem Unternehmen mindestens hundert Millionen Euro Schaden verursachte. Im Juni 2011 gab das Kollektiv bekannt, die Angriffe mit Rücksicht auf die Sony Kunden einzustellen. Der Schaden wäre sonst sicher schlimmer ausgefallen.

> Mit Sony wurde 2011 eine neue Dimension erreicht:
> * Unternehmerisches Handeln in einem Rechtsstreit ist Motiv für einen der größten Hacker-Angriffe der Geschichte.

Im November 2014 war es für Sony erneut soweit [7]: Angreifer hatten gewaltige Datenmengen kopiert und bloßgestellt. Neben bisher unveröffentlichten Filmen auch Lohnabrechnungen, ärztliche Atteste oder Auszüge aus dem Strafregister der Mitarbeiter. Rund 47.000 aktuelle und ehemalige Mitarbeiter waren betroffen. Auch die Gagen bekannter Schauspieler wurden veröffentlicht. Die Hackergruppe GOP hatte sich zu dem Angriff bekannt. Aber auch Nordkorea könnte hinter dem Angriff stecken, da das Land über den Film „The Interview" erbost war. Sicherheitsexperten sehen in dem erneuten Angriff gar „ein Indiz dafür, dass Firmen durch Hacking zerstört werden können" [8].

Neben dem erneuten Imageschaden und den finanziellen Folgen wurden auch Geschäftspartner in Mitleidenschaft gezogen. Mit der Einbeziehung der Mitarbeiter entstand eine Dimension, die neu ist. Die Hackergruppe GOP hatte auch Mitarbeiter von Sony und deren Familien persönlich ins Visier genommen. Diese sollten sich zu den Fehlern von Sony bekennen, wenn nicht, sei auch die eigene Familie in Gefahr:

„If you don't, not only you but your family will be in danger", heißt es in einer der Mails.

> Auch die Sony-Vorfälle von 2014 stehen für eine neue Dimension:
> * Einzelne Mitarbeiter und deren Familien werden persönlich bedroht!
> * Unternehmen können durch Cyber Angriffe zerstört werden.

Aber nicht nur Geheimdienste und Kriminelle können Organisationen Schwierigkeiten bereiten. In der jüngsten Vergangenheit müssen Unternehmen auch mit Angriffen rechnen, die von Konkurrenten initiiert werden – auf legalem Weg und in aller Öffentlichkeit. Google hatte nach Schwachstellen im Konkurrenz-Betriebssystem Microsoft Windows suchen lassen und diese im Januar 2015 veröffentlicht, bevor Microsoft mit einem Patch reagieren konnte. Dadurch war das Microsoft Betriebssystem über die veröffentlichte Schwachstelle mehrere Tage angreifbar. Windows steht in direkter Konkurrenz mit dem Google Betriebssystem Chrome OS. Microsoft war über den Schachzug des Konkurrenten wenig begeistert [9].

▶   Eine weitere Entwicklung der jüngsten Vergangenheit:
   - Reguläre Markteilnehmer gehen im Bereich Cyber Security (teils auf legalem Wege) gegen Konkurrenten vor.

Die Aufgabe der Cyber Security ist es, in diesem komplexen und teilweise unberechenbaren Umfeld mit den vorhandenen Bedrohungen und Risiken umzugehen. Dabei müssen Lösungsansätze aufgezeigt werden, mit denen sich größere Schäden vermeiden lassen, ohne dabei die Wirtschaftlichkeit der Schutzmaßnahmen aus dem Auge zu verlieren.

Die in den meisten Organisationen relativ kleinen Cyber Security Abteilungen stehen bei dieser Aufgabe einem scheinbar übermächtigen Feind gegenüber, mit dem sie zurechtkommen müssen. Ohne einen systematischen Ansatz sind die Herausforderungen überwältigend. Die Aufgabe des Schutzes der Cyber Security kann nur gelingen, wenn alle Beteiligten an einem Strang ziehen und eine gemeinsame Sprache sprechen.

1.1   Schlagwort Cyber Security

Der Weg vom aktuellen Schlagwort Cyber Security zu einem Verständnis der Zusammenhänge in diesem Fachgebiet beginnt mit einer einfachen Frage:

Wer oder was ist Cyber Security?

- Cyber Security wird häufig synonym zu den Begriffen IT-Sicherheit und Informationssicherheit verwendet.
- Cyber Security befasst sich mit Bedrohungen und Risiken im Zusammenhang mit der Nutzung von Informationstechnologie im Cyber Raum.
- Cyber Security Professionals gibt es in verschiedensten Teildisziplinen. Hierzu gehören unter anderem:
  - Security Management und Security Risk Management
  - Sicherheitsarchitektur
  - Sicherheitstests und Sicherheitsforschung
  - Sicherheit in IT-Netzwerken
  - Sicherheit von Soft- und Hardwareprodukten
  - Kryptografische Verfahren
  - Sichere Authentifikation und Zugriffskontrolle
  - Datenschutz
  - Physische Sicherheit
  - Notfallplanung und Business Continuity
  - IT-Forensik

Die Professionalisierung innerhalb der Cyber Security ist bereits so weit fortgeschritten, dass einzelne Personen sich häufig auf eine oder wenige Teildisziplinen spezialisieren. Eine Expertin für Datenschutz muss sich nicht notwendigerweise mit kryptographischen Verfahren auskennen und ein Spezialist für Notfallplanung braucht nicht zwingend Kenntnisse in der IT-Forensik.

Den klassischen IT-Sicherheitsbeauftragten, wie man ihn noch vor wenigen Jahren hatte, gibt es häufig nicht mehr. Diese Aufgaben liegen heute im Information Security Management und in der Koordination aller Anstrengungen zur Herstellung von Cyber Security als Teil der Corporate Security.

Die Aufgaben, die vor der Jahrtausendwende einzelne Personen wahrgenommen haben, werden in heutigen Konzernstrukturen teilweise in Abteilungen von über tausend Spezialisten erledigt.

Im Prinzip existieren verschiedenste Berufe analog zu den Teildisziplinen der Cyber Security. Für die wenigsten der genannten Berufe existiert jedoch eine direkt qualifizierende Berufsausbildung oder ein spezieller Studiengang. Viele der Personen, mit einem der genannten Berufe, stammen aus der Informatik oder der IT. Im Bereich des Datenschutzes haben viele einen juristischen Background oder kommen aus dem Personalwesen. Bei einem großen Teil der Security Professionals handelt es sich aber auch um Seiteneinsteiger aus allen Berufsfeldern und Branchen. Cyber Security ist aktuell noch ein Berufsfeld, das von beruflicher und privater Fortbildung lebt, auch wenn nach und nach zum Beispiel spezialisierte Studiengänge angeboten werden.

Warum man sich als Ökonom oder wirtschaftswissenschaftlich geprägter Entscheider mit Cyber Security beschäftigen sollte?

- Cyber Security ist eines der wichtigsten Zukunftsthemen unserer Zeit, das Organisationen als Ganzes in den nächsten Jahren vor schwierige Herausforderungen stellen wird.
- Der heutige Begriff Cyber Security ist nicht mehr mit dem Verständnis von IT-Security vor der Jahrtausendwende vergleichbar. Cyber Security ist heute eine Management-Aufgabe für Vorstände, Geschäftsführer und das C-Level und betrifft damit hauptsächlich Entscheider aus Wirtschaft und Politik.
- Cyber Security fordert schlanke und einfache Prozesse, da Komplexität der Nährboden für Sicherheitslücken ist. Sichere IT steht für wirtschaftliche und effiziente Prozesse, was im Einklang mit wirtschaftlichen Zielsetzungen steht.

Literatur

1. Bankraub digital: Millionenschäden durch Angriffe aufs Online-Banking, c't 25/14, S. 76 (erschienen am 14.11.2014, eingesehen am 14.01.2015), http://www.heise.de/ct/ausgabe/2014-25-Millionenschaeden-durch-Angriffe-aufs-Online-Banking-2450695.html
2. 40 Millionen. Euro erbeutet: Mega-Cybercoup - Polizei fasst Bandenkopf in Frankfurt, Focus Online (veröffentlicht am 17.08.2014, eingesehen am 14.01.2015), http://www.focus.de/digital/computer/40-millionen-euro-in-24-laendern-erbeutet-krimineller-meisterhacker-in-frankfurt-festgenommen_id_4065830.html
3. Internet-Einkäufe: Plastikgeld-Betrug verursacht Schaden in Milliardenhöhe, Spiegel Online (veröffentlicht am 25.02.2014, eingesehen am 14.01.2015), http://www.spiegel.de/wirtschaft/unternehmen/internet-einkaeufe-plastikgeld-betrug-im-euroraum-nimmt-zu-a-955584.html
4. Der große Bankraub: Cybergang „Carbanak" stiehlt eine Milliarde US-Dollar von 100 Finanzinstituten weltweit, Kaspersky Lab (veröffentlicht am 15.02.2015, eingesehen am 11.06.2015), http://newsroom.kaspersky.eu/de/texte/detail/article/der-grosse-bankraub-cybergang-carbanak-stiehlt-eine-milliarde-us-dollar-von-100-finanzinstitu
5. Überwachungs-Software: BND will Sicherheitslücken kaufen und ausnutzen, Zeit Online (veröffentlicht am 09.11.2014, eingesehen am 14.01.2015), http://www.zeit.de/digital/internet/2014-11/bnd-zero-day-exploit-sicherheit
6. Attacke auf Playstation-Netzwerk: Hacker stehlen Millionen Sony-Kundendaten, Spiegel Online (veröffentlicht am 27.04.2011, eingesehen am 15.01.2015), http://www.spiegel.de/netzwelt/gadgets/attacke-auf-playstation-netzwerk-hacker-stehlen-millionen-sony-kundendaten-a-759161.html
7. Sony Pictures Entertainment hack, Wikipedia, (eingesehen am 15.01.2015) http://en.wikipedia.org/wiki/Sony_Pictures_Entertainment_hack
8. Warum der Sony-Hack zum GAU wurde, Zeit Online (veröffentlicht am 18.12.2014, eingesehen am 15.01.2015), http://www.zeit.de/digital/datenschutz/2014-12/sony-spe-hack-daten/komplettansicht
9. Microsoft kritisiert Google wegen Offenlegung von weiterer Windows-8.1-Lücke, ZDNet (erschienen am 12.01.2015, eingesehen am 15.01.2015), http://www.zdnet.de/88215782/microsoft-kritisiert-google-wegen-offenlegung-von-weiterer-windows-8-1-luecke/

Was ist Cyber Security?

Die wichtigsten Begriffe als Eckpfeiler eines Fachgebiets

2

Geleitwort: Von vermeidbaren Angriffen zu sprechen ist irreführend, weil man so davon ausgeht, dass Angreifer auf unsere Sicherheitsbemühungen nicht reagieren würden.

Sicherheitsprofis leben tagein, tagaus mit Begriffen wie Bedrohung, Risiko oder Schwachstelle. Sie denken irgendwann in Risiken und mit der Zeit geht das Wissen darüber verloren, dass man auch ein Leben führen kann, in dem man sich nicht immer wieder die Frage stellt, was bei dieser oder jener Sache alles schief gehen kann. Sicherheitsprofis verlieren so mit der Zeit das Verständnis für Menschen, die in Chancen denken und nicht in Risiken. Entscheider hingegen müssen das Berufsleben als Chance begreifen und ihr Fokus liegt darauf, die Welt als Füllhorn der Möglichkeiten zu erkennen.

In gewisser Weise stehen sich Entscheider und Security-Experten also in ihrem Begriffsverständnis gegenüber. Oder besser: Sie sind die sich gegenseitig ergänzenden Teile eines funktionierenden Ganzen. Überspitzt könnte man sagen, dass dort, wo beispielsweise der Kaufmann im Vertrieb die Märkte der Zukunft sieht, die zuständige IT-Sicherheitsbeauftragte nur zusätzliche Angriffsmuster erkennt. Chancen und Risiken stehen sich so im innerbetrieblichen Gefüge gegenüber. Die Entscheidung, welche Sichtweise bei der Ausrichtung des Unternehmens die Oberhand gewinnt, oder wie ein Ausgleich erreicht wird, müssen Geschäftsführer, Vorstände und Behördenleitungen treffen – eine klassische Führungsaufgabe also, die wenig mit Technik zu tun hat. Den Rahmen für diesen Ausgleich setzt die Politik durch Datenschutzgesetze oder das neue IT-Sicherheitsgesetz.

© Springer Fachmedien Wiesbaden 2015
S. Klipper, *Cyber Security*, essentials, DOI 10.1007/978-3-658-11577-7_2

Dieses Kapitel vermittelt Ihnen die wichtigsten Begriffe der Cyber Security, die in gewisser Weise die Eckpfeiler dieses Wissensgebiets darstellen und es Ihnen ermöglichen, kompetent an aktuellen Diskussionen teilzunehmen.

2.1 IT-Sicherheit und Co

Cyber Security wird häufig synonym zu den Begriffen IT-Sicherheit und Informationssicherheit verwendet. In Fachkreisen wandelte sich der Begriff IT-Sicherheit jedoch in Richtung Informationssicherheit und in der gesellschaftlichen und politischen Diskussion gewinnt der Begriff der Cyber Security an Bedeutung, der vor wenigen Jahren noch eher ungebräuchlich war.

Das Wort Sicherheit an sich beschreibt im allgemeinen Begriffsverständnis einen Zustand, der frei von Gefahr ist. Cyber Security, IT-Sicherheit bzw. Informationssicherheit sind also Zustände, in dem der Cyber Raum, die IT bzw. Informationen frei von Gefahr sind.

Cyber Security ist gewährleistet, wenn im Cyber Raum
- Funktionssicherheit,
- Betriebssicherheit,
- Informationssicherheit,
- Datensicherheit,
- Datensicherung und
- Datenschutz gewährleistet sind.

Beim genaueren Verständnis der Begriffe im Deutschen hilft auch ein Blick auf die englische Übersetzung. Das deutsche Wort Sicherheit wird in diesem Zusammenhang im Englischen durch drei bzw. vier Begriffe repräsentiert:

- Safety
- Security
- Protection
- (Privacy)

Schauen wir uns die Bedeutung der englischen Sicherheits-Begriffe zunächst näher an, bevor wir den zentralen Begriff der Cyber Security – die Informationssicherheit – genauer betrachten:

Der englische Begriff Safety

entspricht im Deutschen der Funktionssicherheit bzw. der Betriebssicherheit. Funktionssicher heißt, dass die Ist- Funktionalität mit der Soll-Funktionalität übereinstimmt, das System also richtig funktioniert. Betriebssicher heißt kurz gesagt: Man kann sich nicht verletzen oder ähnliches. Man sollte voraussetzen, dass so etwas in der Soll-Funktionalität ausgeschlossen wurde.

Security meint im Deutschen

die Informationssicherheit. So bezeichnet man die Sicherheit in Informationssystemen, die nur solche Zustände annehmen, die zu keiner unerlaubten Informationsveränderung oder Informationsgewinnung führen. Der Informationssicherheit kommt daher unter dem Schlagwort Cyber Security eine besondere Bedeutung zu.

Protection wird im Deutschen

mit Datensicherheit und Datensicherung übersetzt. Gemeint ist die Eigenschaft eines Informationssystems, nur solche Zustände anzunehmen, die keinen unerlaubten Zugriff auf Daten und Systemressourcen erlauben. Mit Daten sind hier nicht die Daten im Sinne des Datenschutzgesetzes gemeint, sondern im Sinne der Informatik. Datensicherung bezeichnet das Anfertigen von Backups.

Der englische Begriff Privacy

entspricht im Deutschen dem Wort Datenschutz und meint den gesetzlich geregelten Datenschutz, der in verschiedenen Ländern deutliche Unterschiede aufweist.

Bildlich gesprochen nimmt der Begriff Security die zentrale Position ein, wird durch Safety und Protection flankiert und durch Privacy ergänzt. Der zentrale Begriff Security – oder in unserem Zusammenhang auch Informationssicherheit – wird durch die Aufzählung zu erreichender Schutzziele definiert, die im nächsten Abschnitt genauer beschrieben werden:

Informationssicherheit ist gewährleistet, wenn die Schutzziele
- Vertraulichkeit,
- Integrität und
- Verfügbarkeit sichergestellt sind und darüber hinaus auch
- Authentizität,
- Zurechenbarkeit,
- Nichtabstreitbarkeit und
- Verlässlichkeit gewährleistet sind.

2.2 Schutzziele

Den Schutzzielen kommt in der Begriffswelt der Cyber Security eine zentrale Bedeutung zu.

Die Vertraulichkeit (englisch: confidentiality)
eines Systems schließt eine unerlaubte Informationsgewinnung aus. Vertraulichkeit ist die Eigenschaft einer Information, niemals einem unberechtigten Individuum, einer Entität oder einem Prozess gegenüber verfügbar gemacht oder offengelegt zu werden. Vertraulichkeit beschränkt die Verfügbarkeit. Verletzungen der Vertraulichkeit werden in der Öffentlichkeit am ehesten als Vorfall und als Bruch der Cyber Security wahrgenommen.

> **Beispiel**
>
> Bei den Enthüllungen von Edward Snowden handelt es sich um eine Verletzung der Vertraulichkeit. Die Vertraulichkeit wäre aber auch schon verletzt, wenn vertrauliche Daten unberechtigt auf einen externen Datenträger überspielt wurden, ohne dass sie schon einer unberechtigten Person zur Kenntnis gelangt sind. Entscheidend ist, dass die Informationen sich nicht mehr dort befinden, wo sie hingehören, oder sie dort nicht mehr vor unberechtigtem Zugriff geschützt sind.

Integrität (englisch: integrity)
steht für die Manipulationssicherheit eines Systems und schließt die unerlaubte und unbemerkte Veränderung aus. Integrität ist die Eigenschaft, richtig und vollständig zu sein.

In der öffentlichen Wahrnehmung wird selten an Integritätsverletzungen gedacht, wenn es um Verletzungen der Cyber Security geht. Dass dies unberechtigt ist, zeigt das folgende Beispiel. Es macht auch deutlich, dass Angreifer längst nicht mehr nur die Technik angreifen. Sie wollen gezielt das Top-Management, unternehmerische Entscheidungen, Investments und Börsengeschäfte beeinflussen – also typische Betrachtungsgegenstände der Wirtschaftswissenschaften. Das folgende Beispiel macht auch klar, dass auf der Angreiferseite fortgeschrittenes wirtschaftswissenschaftliches Know-how vorliegt. Das Technische Know-how ist der unkomplizierteste Teil des folgenden Angriffs:

> **Beispiel**
>
> Im November 2014 wurde bekannt [1], dass die Hackergruppe FIN4 hunderte Beraterfirmen, Anwälte, Unternehmen und Investoren der Pharma-Branche über Monate ins Visier genommen hatte, um durch Insiderwissen von Kurs-

schwankungen profitieren zu können. Die Gruppe hatte gezielt das Top-Management angegriffen und sich dabei auf die Unternehmensbereiche Recht, Risiko und Regulatory Compliance konzentriert. Wer hier Insiderwissen hat, kann an der Börse mit seinem Wissensvorsprung große Gewinne erwirtschaften. Bei dem Angriff wurde aber nicht nur die Vertraulichkeit verletzt, sondern auch die Integrität der Daten. Es wurden nicht nur Daten gestohlen, sondern auch erfolgreich innerhalb der Unternehmen manipuliert, um unternehmerische Entscheidungen auf Grundlage gefälschter Daten herbeizuführen.

Verfügbarkeit (englisch: availability)
eines Systems oder Teilsystems ist gewährleistet, wenn deren berechtigte Nutzung nicht unerlaubt beeinträchtigt werden kann. Verfügbarkeit ist die Eigenschaft, auf Verlangen einer berechtigten Entität zugänglich und nutzbar zu sein.

Bei Verletzungen der Verfügbarkeit denken die meisten an Systemausfälle oder an sog. DDoS-Attacken, bei denen eine Webseite gezielt überlastet wird, damit sie für reguläre Nutzer nicht mehr erreichbar ist. So als würde ein Discounter Leute beauftragen, sich mit leerem Einkaufswagen in die Kassenschlangen bei Konkurrenten zu stellen, so dass reguläre Kunden sich abwenden, weil ihnen das Warten zu lange dauert. Das Discounter-Beispiel ist weniger weit hergeholt, als Sie vielleicht glauben:

Beispiel

Die Betreiber der Lieferdienst-Portale pizza.de und lieferando.de waren jahrelang Opfer solcher DDoS Angriffe. Zwischenzeitlich war eine Belohnung von 100.000 € auf die Ergreifung der Täter ausgesetzt. Konkurrenten gerieten schließlich als Auftraggeber für die Angriffe ins Visier der Ermittler. Im Januar 2013 wurden wegen Datenbankdiebstahls sieben Strafbefehle gegen Führungskräfte des Konkurrenten Lieferheld verhängt [2]. Im August 2014 wurde Pizza.de vom Konkurrenten Lieferheld geschluckt [3].

Auch dieses drastische Beispiel der aktuellen Vergangenheit zeigt – ebenso wie die bereits erwähnten Angriffe auf Sony – dass Verletzungen der Cyber Security sich längst nicht mehr nur im Serverraum bemerkbar machen. Cyber Security ist eng mit dem unternehmerischen Überleben verbunden und daher von entscheidender Wichtigkeit für alle Entscheider aus Wirtschaft und Politik.

Der Kern: Vertraulichkeit, Integrität und Verfügbarkeit
Die Schutzziele Vertraulichkeit, Integrität und Verfügbarkeit bilden den Kern der Informationssicherheit und sind eigentlich als abschließende Aufzählung gedacht.

Es existieren jedoch einzelne Facetten der Informationssicherheit, zu denen es weitere Schutzziele gibt, die jeweils auf einen ganz konkreten Anwendungsfall abzielen. Dies sind:

- Authentizität
- Zurechenbarkeit
- Nichtabstreitbarkeit
- Verlässlichkeit

Authentizität (englisch: authenticity)
meint die Echtheit und Glaubwürdigkeit eines Objekts. Dass sich diese Echtheit auch mit charakteristischen Eigenschaften überprüfen lässt, ist der für die Cyber Security entscheidende Punkt der Authentizität, der sich technisch und organisatorisch nicht so einfach realisieren lässt.

Beispiel

Erinnern wir uns an einen der größten Skandale der deutschen Pressegeschichte, an die Affäre um die gefälschten Hitler-Tagebücher und stellen wir uns vor, die Tagebücher seien – wie in der heutigen Zeit – elektronisch erstellt worden. Wie hätte da die Echtheit überprüft werden sollen?

Da Authentizität ein Teil der Integrität ist, passt hier auch das zuvor genannte Beispiel um Insidergeschäfte und Manipulation von Entscheidern aus der Pharma-Branche. Betroffene Manager hatten hier auf Basis gefälschter Informationen Entscheidungen getroffen.

Verbindlichkeit bzw. Nichtabstreitbarkeit (englisch: non repudiation)
liegt vor, wenn innerhalb des Informationssystems Aktionen im Nachhinein eindeutig zuzuordnen sind und nicht abgestritten werden können. Verbindlichkeit ist ein Teil der Authentizität und damit auch ein Teil der Integrität.

Beispiel

Das perfekte Beispiel wären hier bloßgestellte Dokumente eines Geheimdienstes. Hätte es sich bei den Dokumenten von Edward Snowden nur um wenige Dateien gehandelt, hätte der US Geheimdienst NSA die Echtheit (Authentizität) der Dokumente abstreiten können. Die Nichtabstreitbarkeit der Dokumente ergab sich in diesem Fall nur durch die schiere Anzahl an Dokumenten, die eine Fälschung aller Dokumente nahezu ausschließen. Die Beweiskraft einzelner der veröffentlichten Dokumente oder einzelner darin enthaltener Aussagen ist allerdings nicht sehr hoch, weshalb sie auch für Strafverfahren schwer zu verwenden sind. Details könnten jederzeit abgestritten werden. Hinzu kommt, dass die NSA nicht genau weiß, welche Daten Edward Snowden entwendet hat und welche Beweise er noch in der Hinterhand hält. Erst die Gesamtlast der bloßgestellten Dokumente führt hier zum sehr hohen Maß an Nichtabstreitbarkeit, die von der NSA so sicher nicht beabsichtigt war.

Zurechenbarkeit (englisch: accountability)
in der IT erweitert die Nichtabstreitbarkeit von Informationen auch auf Handlungen und Ereignisse, die eine eindeutige persönliche Zurechenbarkeit gewährleistet. Es geht also zum Beispiel nicht nur darum, ob eine bestimmte Datei echt ist und nicht abgestritten werden kann, sondern auch darum, festzustellen, wer sie in ein bestimmtes Verzeichnis gelegt hat.

Beispiel

Ein Beispiel sind hier elektronisch verkaufte Dokumente von denen nicht nur die Echtheit und die Nichtabstreitbarkeit seitens des Herausgebers interessieren, sondern auch die Zurechenbarkeit zu einem bestimmten Käufer, der die Datei nicht weitergeben darf. Taucht irgendwann eine Raubkopie auf, möchte der Herausgeber wissen, welcher Kunde sie unerlaubt weitergegeben hat. Ähnliches gilt für Insider-Infos an die Presse, von denen betroffene Unternehmen gerne wissen möchten, welche Personen sie weiter geleitet haben.

Anonymität
hat sich in letzter Zeit durch die gehäuften Datenschutzskandale zu einem neuen Schutzziel entwickelt, das bisher nur selten in einer Auflistung genannt wird, dem allerdings zukünftig eine größere Bedeutung zukommen wird. Diese Einschätzung beruht auf der Erkenntnis, dass sich Daten auf Dauer nur sehr schwer schützen lassen. Daher wird die Forderung nach Anonymität immer lauter. Das liegt daran, dass der persönliche Schaden für eine betroffene Person häufig größer sein kann, als der jeweils entsprechende Teil des Schadens für eine betroffene Organisation. Zu dem Schaden der Organisation kommt so, auf Grund fehlender Anonymität, die Summe der Schäden einzelner Betroffener hinzu.

Beispiel

Im Dezember 2014 wurde eine Gehaltsliste von 30.000 Mitarbeitern des Beratungsunternehmens Deloitte veröffentlicht, die zu den größten Beratungsfirmen der Welt gehört [4]. Die Veröffentlichung der Gehälter der Mitarbeiter ist für ein Unternehmen sicher ärgerlich. Für Mitarbeiter, die auf der Suche nach einem neuen, besser bezahlten Job sind, kann das die Chancen bei einer Gehaltsverhandlung mit einem neuen Arbeitgeber stark einschränken. Auch firmenintern steht der Eine durch größere Gehaltsunterschiede plötzlich als Gewinner und der Andere als Verlierer da. Oder stellen Sie sich vor, welche Auswirkungen das auch im privaten Umfeld haben kann, wenn plötzlich jeder weiß, was man verdient.

2.3 Werte

Nach der Erläuterung der Schutzziele beschäftigen wir uns nun mit den Werten (englisch: assets) einer Organisation, auf die sich die Schutzziele ausrichten. So wird alles bezeichnet, was für eine Organisation einen Wert hat. Hierzu gehören zum Beispiel Bankdaten, geistiges Eigentum, Mitarbeiterdaten, oder Daten von Kunden, aber auch Gebäude können Werte im Sinne der Cyber Security sein, wenn beispielsweise bereits die Kenntnis des Gebäudegrundrisses oder die Anordnung der Räume geheimhaltungsbedürftig ist. Hinzu kommen alle IT-Systeme und vielfach auch deren Funktionsweise, wenn diese speziell in dieser Organisation entwickelt wurde. Denken Sie an die Algorithmen im algorithmischen Handel oder im High-Frequency Trading, bei dem es sich um einen mit Computern betriebenen Handel mit Wertpapieren handelt. Die verfolgte Anlagestrategie ist im programmierten Algorithmus enthalten.

Zu den wichtigsten Werten der Cyber Security gehören
- Informationen, Geistiges Eigentum, Geschäftsgeheimnisse, Know-how
- IT-Systeme, Software und Netzwerke
- Mitarbeiter- und Kundendaten
- Interne Betriebsabläufe und Prozess-Know-how
- Mitarbeiter und Geschäftskontakte
- Betriebsanlagen
- Gebäude, Räume
- …

2.4 Bedrohung

Bildlich gesprochen stehen die Werte einer Organisation auf der einen Seite und eine oder mehrere Bedrohungen auf der anderen. Dazwischen stehen die bereits besprochenen Schutzziele. Einerseits definieren sie, was besonders Schützenswert ist, andererseits beschreiben sie auch, wo sich ein Angriff besonders lohnen könnte.

▶ Schutzziele aus Sicht der Verteidiger werden aus Sicht des Angreifers
   zu Angriffszielen.

Aus diesem einfachen Zusammenhang ergibt sich schließlich eine Bedrohung (englisch: threat). Eine Bedrohung der Schutzziele Vertraulichkeit, Verfügbarkeit oder Integrität.

▶ Alles was schützenswert ist, ist angriffswürdig und umgekehrt.

Eine Bedrohung wird dadurch wiederum gleichzeitig eine potentielle Ursache für einen unerwünschten Vorfall, der negative Auswirkungen auf ein System oder die Organisation haben kann. Bedrohungen der Cyber Security gehen daher nicht nur auf Angreifer zurück.

Die Cyber Security ist auch von Naturereignissen, technischen Defekten oder Stromausfällen bedroht. Das gilt in neuerer Zeit umso mehr, da Kritische Infrastrukturen wie Stromversorger in ihrer Leistungserbringung ebenfalls von Cyberangriffen bedroht sind und ihre Kunden somit Opfer von Kolateralschäden werden können.

Der Begriff der Bedrohung wird teilweise unterschiedlich verwendet. Die folgende Aufzählung orientiert sich an internationalen Standards [5]:

Man unterscheidet Bedrohungen durch
- vorsätzliche Handlungen (deliberate) gegen Informationen und Werte,
- durch menschliche Handlungen und fahrlässig verursachte Vorfälle (accidental) und durch
- Umwelteinflüsse (environmental).

Hieraus resultieren verschiedenste konkrete Bedrohungen, die jeweils eine Klasse von Szenarien bzw. Schadensereignissen hervorbringen, zwei Begriffe, mit denen wir uns im folgenden Abschnitt befassen. Der Begriff Bedrohung ist daher etwas schwerer zu fassen als die anderen, weil es sich bei ihm um ein substantiviertes Verb handelt. Der Begriff wird also eigentlich nicht als Subjekt oder Objekt verwendet, sondern als Prädikat:

„Die Cyber Security wird bedroht durch…"

Bedrohungen stehen also meist nicht allein als Subjekt oder Objekt. Bedrohungen drücken eine Relation zwischen Subjekt und Objekt aus, was sich sprachlich dadurch zum Ausdruck bringt, dass häufig von „Bedrohung durch etwas" gesprochen wird. Diese Relationen werden im Rahmen einer Bedrohungsanalyse festgestellt.

Das bedeutet, dass es keine abgeschlossene Menge an Bedrohungen gibt, gegen die man sich wappnen muss. Die Menge der Bedrohungen ist für jede Organisation unterschiedlich und sie wird von den relevanten Subjekten und Objekten bestimmt und den auf ihnen möglichen Relationen. Daher sind komplexe IT-Architekturen auch bedrohter als weniger komplexe, weil die größere Anzahl an Subjekten/Objekten eine größere Anzahl von Bedrohungen zulässt.

Warum geht dieser Abschnitt so intensiv auf diese sprachlichen Spitzfindigkeiten ein? Die bisher betrachteten Begriffe der Schutzziele waren abstrakt. Auch der Begriff der Werte war relativ leicht zu fassen, während der Begriff der Bedrohung zum größten Teil auf Experteneinschätzungen beruht und daher in einigen der folgenden Überlegungen von zentraler Bedeutung sein wird. Darüber, ob eine Bedrohung relevant ist, lässt sich selbst in Expertenkreisen trefflich streiten.

Hintergrund: Advanced Persistent Threats

Der relativ junge Begriff Advanced Persistent Threats findet sich immer häufiger in den Medien. Er beschreibt eigentlich keine Bedrohung (Threat). Gemeint sind hiermit sehr gezielte, länger andauernde, unentdeckte Angriffe, die sich unter teils großem Aufwand gegen wenige Opfer richten. Meistens werden Advanced Persistent Threats mit Staaten als Angreifer oder Drahtzieher in Verbindung gebracht und richten sich gegen Behörden, Kritische Infrastrukturen, große Unternehmen oder Hidden Champions.

Als Threat (Bedrohung) werden sie bezeichnet, weil es aus unterschiedlichen technischen Gründen nahezu unmöglich ist, derartige gezielte Angriffe dauerhaft zu verhindern. Die Bedrohung ist also nicht der Angriff an sich, sondern dessen dauerhaftes Fortbestehen, also die Nicht-Entdeckung durch das Opfer. Der eigentliche Schaden wird unter Umständen erst lange nach dem Beginn des Angriffs angerichtet.

Am Beispiel der Advanced Persistent Threats zeigt sich sprachlich, dass an der einen oder anderen Ecke der Cyber Security bereits die Verteidigungslinien einbrechen und sich der Angreifer unbemerkt hinter feindlichen Linien aufhalten kann, möglicherweise ohne zunächst Schaden anzurichten. Die klassische Perimeter-Sicherung, also die Sicherung der Grenzen des Unternehmens zum Beispiel mit Firewalls hat hier ausgedient. Die Bedrohung ist nicht der Grenzübertritt an sich, wie das bei regulären Kräften der Fall wäre. Die Bedrohung ist, dass sich der Angreifer über längere Zeit unbemerkt hinter feindlichen Linien aufhalten kann.

2.5 Schwachstelle

Ausgehend vom Begriff der Bedrohung könnte man nun sagen, dass diese auf dem schützenden Dach der Cyber Security lasten. Wohl dem, dessen Dach keine „schwache Stelle" hat, die sich als Architekturfehler entpuppen könnte.

Häufig werden Schwachstellen (engl.: vulnerabilities) in sicherheitskritischen Systemen als Fehler bezeichnet. Das ist nur bedingt richtig, denn viele Schwachstellen sind keine Fehler, sondern durchaus gewollt oder zumindest begründet und nicht zu vermeiden. So ist der Vorsprung eines Hausdachs bei Wind sicher eine Schwachstelle gegenüber der Bedrohung durch Orkane. Wenn Wand und Fenster allerdings vor Regen geschützt sein sollen, kommt man ohne einen Dachvorsprung nicht aus. Der Dachvorsprung ist aus diesem Blickwinkel also kein Fehler, sondern eine gewollte Eigenschaft.

▶ Eine Schwachstelle bezüglich eines Werts, ist eine gewollte oder ungewollte Eigenschaft, die einer Bedrohung ausgesetzt ist und ein Schadensereignis ermöglicht.

▶ Der Schutz der einen Schwachstelle kann schnell zur neuen Schwachstelle werden.

Während technisch begeisterte Hacker in der Vergangenheit ihr Augenmerk hauptsächlich auf Schwachstellen durch Fehler legten, spielt das bei heutigen Angreifern keine so zentrale Rolle mehr. Ein professioneller Angreifer versucht nicht durch aufwändige statische Berechnungen den Konstruktionsfehler im Dach zu finden, er nimmt einfach ein paar Ziegel ab und die Isolierung beiseite oder steigt wie der Weihnachtsmann durch den Kamin. In der Vergangenheit ging es um die Begeisterung an technischen Analysen und Zusammenhängen. Heute geht es darum, ein Angriffsobjekt zu kompromittieren – technisch anspruchsvoll oder nicht, ist dabei zweitrangig.

▶ Nicht die Suche, Analyse und Veröffentlichung der Schwachstelle treibt
   heutige Angreifer an, sondern die Suche der Schwachstelle, deren Aus-
   nutzung und deren Geheimhaltung.

Noch vor wenigen Jahren war die Veröffentlichung der Schwachstelle das Ziel
eines Hackers. So konnte man sein Renommee steigern und zur Beseitigung der
Schwachstelle beitragen. Ein Angreifer von heute hat keinerlei Interesse daran,
dass eine entdeckte Schwachstelle geschlossen wird. Im Gegenteil: Er möchte die
Schwachstelle möglichst lange und exklusiv ausnutzen.

Diese Tendenz hatten wir bereits bei den Advanced Persistant Threats (APT)
angesprochen, bei denen zusätzlich die ausgenutzte Schwachstelle nicht primär
diejenige Schwachstelle ist, die den Grenzübertritt ermöglicht hat, sondern die, die
den erfolgten Grenzübertritt dauerhaft unbemerkt lässt.

2.6 Schaden(sereignis)/Vorfälle/Szenarien

Ein Schaden (engl.: impact) bezeichnet die Auswirkung auf die erreichte Höhe der
Unternehmensziele. Diese können materiell und immateriell sein. Der Sachverhalt,
der zu einem Schaden führt, wird auch als Schadensereignis bezeichnet. Ein oder
mehrere Ereignisse bilden einen Vorfall.

▶ Ein oder mehrere Ereignisse, die einen Schaden verursachen, werden
   als Vorfall bezeichnet.

Ausgehend von vergangenen Vorfällen und theoretischen Überlegungen für denk-
bare Schadensereignisse können Szenarien entwickelt werden, anhand derer man
die Verwundbarkeit der Cyber Security berücksichtigen kann.

▶ Szenarien bestehen aus denkbaren Schadensereignissen.

Ein Cyber Security Vorfall besteht also aus einem oder mehreren unerwünschten
oder unvorhergesehenen Sicherheitsereignissen, die mit einer hohen Wahrscheinlichkeit eine Beeinträchtigung der Geschäftstätigkeit bedeuten und die Cyber Security bedrohen.

Mit dieser Feststellung kommen wir zum eigentlichen Schlüsselbegriff, der ver-
deckt oder offen bei nahezu allen Diskussionen zum Thema Cyber Security eine
wichtige Rolle spielt: die Wahrscheinlichkeit.

2.7 Wahrscheinlichkeit

Wahrscheinlichkeiten sind ein zentraler Betrachtungsgegenstand aller Bemühungen zur Cyber Security, der vielerlei Schwierigkeiten mit sich bringt. Beginnen wir mit der kleinsten Schwierigkeit – der Frage, was eine hohe, mittlere oder geringe Wahrscheinlichkeit ist. Wir kommen so zu einem zentralen Problem, dass allen Diskussionen zu Sicherheitsthemen in Unternehmen und Behörden innewohnt.

Sie hatten mit diesem Problem vielleicht schon im Rahmen der Stochastik zu tun und erinnern sich eventuell an die Probleme, die entstehen, wenn man aus einer Kardinalskala mit diskreten Werten plötzlich eine Ordinalskala macht: Auf einer Ordinalskala sind nicht die gleichen mathematischen Rechenoperationen möglich. Man kann also nicht zwei „mittlere" Wahrscheinlichkeiten addieren. Will man mit der in einer Ordinalskala (zum Beispiel gering, mittel und hoch) angegebenen Wahrscheinlichkeit rechnen, muss man sie wieder in eine Kardinalskala überführen. Hierfür bietet sich jeweils die „Mitte" der Werte an – oder deren Grenzen. Die Ordinalskala gering, mittel, hoch kann auf drei oder fünf diskrete Werte abgebildet werden, mit entsprechenden Auswirkungen. Bei drei Werten gibt es keine 100-prozentige Wahrscheinlichkeit und keine Ereignisse die unwahrscheinlich sind und bei fünf Werten stehen die mittleren drei Werte nur für zwei der ursprünglichen Skalenwerte. Will man mit diesen Zahlen rechnen – und das will man – kommt es entsprechend der Abbildungsvorschrift teils zu erheblich unterschiedlichen Ergebnissen. Insbesondere auch deshalb, weil die diskreten Werte rein willkürlich festgelegt werden können, dass heißt, die Werte gering, mittel und hoch müssen nicht proportional zueinander sein.

► In der Security genutzte Wahrscheinlichkeiten unterliegen aufgrund der genutzten Skalen teils großen Verzerrungen bezüglich einer Gesamtbetrachtung.

Beispiel

Ein Security-Experte führt eine Expertenbefragung zur Eintrittswahrscheinlichkeit unterschiedlicher Schadensereignisse durch. In der Befragung stellt er Wahrscheinlichkeiten in Prozent zur Auswahl: 0 %, 10 %, 20 % etc. Er fragt: „Wie hoch ist die Wahrscheinlichkeit, dass dieses Schadensereignis im nächsten Jahr eintritt?" Danach ordnet er die Durchschnittsergebnisse der Befragung der unternehmensinternen Wahrscheinlichkeits-Skala zu: gering (0 % bis <50 %), mittel (>50 % bis <75 %) und hoch (>75 % bis 100 %). Hierbei fallen Schadensereignisse mit 0 % Wahrscheinlichkeit in die gleiche Kategorie wie die mit 49 % Wahrscheinlichkeit. Und was ist mit Schadensereignissen, die im nächsten Jahr zwei Mal eintreten? Diese Fragen sind nicht weiter von Bedeutung, wenn es zum Beispiel nur darum geht, die Schadensereignisse mit mittlerer und hoher Wahrscheinlichkeit zu ermitteln und zu unterscheiden. Häufig wurden die Skalen genau dazu entwickelt. Will man später allerdings wissen, ob drei gering wahrscheinliche Schadensereignisse drängender sind als ein mittel wahrscheinliches, gerät man in der Ordinalskala an seine Grenzen und muss wieder zurück zu den Ursprungswerten, die dann häufig nicht mehr verfügbar sind.

Vielleicht stellen Sie sich jetzt die Frage, warum das trotz der mitunter großen Auswirkungen die kleinste Schwierigkeit mit den Wahrscheinlichkeiten von Schadensereignissen sein soll. Das liegt daran, dass es einfach ist, sie zu beschreiben, zu analysieren und mit ihr umzugehen. Bei der nächsten Schwierigkeit ist das nicht mehr der Fall.

▶   Wahrscheinlichkeiten sind Schätzgrößen oder Erfahrungswerte der Vergangenheit mit begrenzter Aussagekraft für die Zukunft.

▶   Dies gilt umso mehr in der sich ständig ändernden IT-Landschaft von Unternehmen und Behörden.

Zu Wahrscheinlichkeiten kann man daher auch unterschiedlichster Meinung sein, weil keiner von uns in die Zukunft sehen kann. So schlimm es sich auch anhört: Das einzige was man erreichen kann, ist die Trefferquote beim Raten zu erhöhen. Selbst wenn für ein Szenario belastbare statistische Daten vorliegen, sind diese für kleine und mittlere Unternehmen nur bedingt anzuwenden.

Vor allem lassen sich Szenarien nicht so ohne weiteres von einem auf das andere Unternehmen oder von der Vergangenheit in die Zukunft übertragen. Gehen wir von einer geschätzten zukünftigen Eintrittswahrscheinlichkeit eines Schadensereignisses aus, dass sich vor drei Jahren bei einem anderen Unternehmen ereignet hat. Dies stellt oftmals keine gesicherte Entscheidungsgrundlage für oder gegen eine Sicherheitsmaßnahme dar, die auch am Ende eines zehn Jahre laufenden Outsourcing-Vertrags noch hilfreich sein soll. Dieser Sachverhalt ist einer der Kernpunkte aktueller Sicherheitsprobleme großer Organisationen mit unzureichenden Sicherheitsvorkehrungen, die auf Wahrscheinlichkeiten basieren, die sich teils auf lange zurückliegenden Schadensszenarien beziehen.

2.8 Schadenshöhe

Der Begriff der Schadenshöhe wurde bisher nicht explizit erwähnt, er unterliegt aber leider ähnlichen Verwerfungen wie die Wahrscheinlichkeit.

▶ Schadenshöhen sind ebenso wie Wahrscheinlichkeiten Schätzgrößen oder Erfahrungswerte der Vergangenheit mit begrenzter Aussagekraft für die Zukunft.

▶ Dies gilt umso mehr in der sich ständig ändernden IT-Landschaft von Organisationen und vor dem Hintergrund ständig wechselnder Angriffsszenarien.

Beispiel

Ein unbekannter Hacker dringt in ein Unternehmen ein und stiehlt höchst vertrauliche Konstruktionsdaten. Wie hoch der Schaden dieses Ereignisses ist, kann eventuell erst Jahre später ermittelt werden. Es kann sein, es war ein technikbegeisterter Hacker alter Schule, bei dem die Daten nun besser aufgehoben sind, als im eigenen Unternehmen. Es kann aber auch sein, es war ein Geheimdienst, der gar nicht gefunden hat, was er gesucht hat und alles wieder vernichtet, oder es kann sein, dass es ein Auftragshack der Konkurrenz war. Selbst wenn man drei oder fünf Jahre später eine eventuelle Schadenshöhe ermittelt hat, lassen sich die Ergebnisse nur äußerst beschränkt auf die Zukunft übertragen.

Das Beispiel zeigt, wie schwer es ist, aus der Vergangenheit in die Zukunft zu schauen. Märkte ändern sich, Unternehmen wachsen, verschwinden oder werden verkauft und Angreifer wechseln ihre Motive. Darüber hinaus werden Schadenshöhen einzelner Szenarien oder Ereignisse in der Cyber Security ebenfalls häufig in Ordinalskalen erfasst (zum Beispiel gering, mittel und hoch) und unterliegen damit einer skalenbedingten Unsicherheit, wie wir sie bereits bei den Wahrscheinlichkeiten kennengelernt haben.

▶ In der Cyber Security genutzte Schadenshöhen unterliegen ebenso wie Wahrscheinlichkeiten aufgrund der genutzten Skalen teils großen Verzerrungen.

2.9　Risiko

Kapitel 2 wurde mit einem Zitat von Giovanni Agnelli eingeleitet: „Es ist unmöglich, ein unnötiges Risiko einzugehen. Denn ob das Risiko unnötig war, findet man erst heraus, wenn man es längst eingegangen ist." In der Cyber Security bezeichnet man als Risiko Unsicherheiten bei der Erreichung der Ziele der Organisation, die sich aus der Nutzung des Cyber Raums ergeben. Dabei wird das Risiko als Produkt aus Wahrscheinlichkeit und Schadenshöhe eines Ereignisses dargestellt. Sie ahnen sicher schon, zu welcher wichtigen Feststellung uns das führt:

> ▶ Risiken basieren auf Schätzgrößen oder bisherigen Erfahrungswerten zu Wahrscheinlichkeiten und Schadenshöhen mit begrenzter Aussagekraft für die Zukunft. Ihre Einschätzung unterliegt dadurch einer größeren Unsicherheit als die Ausgangswerte.

In der Cyber Security ermittelte Risiken werden ebenso wie Wahrscheinlichkeiten und Schadenshöhen zunächst als diskrete Größen ermittelt und dann in Ordinalskalen übertragen (zum Beispiel gering, mittel und hoch). Hierdurch werden die sich multiplizierenden Unsicherheiten bei Wahrscheinlichkeiten und Schadenshöhen ein weiteres Mal verstärkt.

> ▶ In der Cyber Security genutzte Risikoeinschätzungen unterliegen aufgrund unsicherer Grundlagen und der genutzten Skalen teils immensen rechnerisch möglichen Verzerrungen.

Beispiel

Ich habe in meiner eigenen Beratungspraxis einen Fall erlebt, in dem das rechnerisch zu ermittelnde jährliche Gesamtrisiko aus dem Risikoinventar je nach Interpretation und Festlegung der Skalen um den Faktor 20 voneinander abwich. Als Rechenbeispiel zur Verdeutlichung: 5 Mio. oder 100 Mio. – 50 Mio. und über einer Milliarde? Das Rechnen mit konkreten Zahlen ist in diesen Fällen meist nur sehr selten möglich, weil in der Dokumentation oft nur die groben Ordinalskalen genutzt wurden.

Als Wirtschaftswissenschaftler erkennt man sofort die dahinter stehende Brisanz. Für derartige Risiken sind unter Umständen Rückstellungen zu bilden, die nicht unerheblich sind und durchaus auch mal ein schwaches Jahresergebnis ins Negative kippen können. Dies ist vor allem vor dem Hintergrund brisant, dass die wenigsten Unternehmen bisher ein aussagekräftiges IT-Risikoinventar besitzen. Selbst wenn, fußen diese nicht auf systematischen Assessments, sondern entstehen meist „auf Zuruf" und standardkonforme Information Security Risk Management Systeme, die in das unternehmensweite Risikomanagement eingebunden sind, stecken in den Kinderschuhen.

Nicht, dass die bisherigen Rechengrößen bereits unsicher genug seien. In den meisten Unternehmen werden die genutzten Ordinalskalen für die Dokumentation möglicher Schadenshöhen ebenfalls voneinander abweichen.

Beispiel

Ein internationales Finanzinstitut wird seine Kreditausfall- oder Währungsrisiken in einer anderen Skala beurteilen als seine Risiken aus dem Bereich Cyber Security.

Es ist durchaus anzunehmen, dass unter dem Stichwort Cyber Security Risiken in den nächsten Jahren allein durch die erstmalige Erfassung und Analyse faktisch vorhandener Risiken, große bilanzwirksame Verwerfungen auf die deutsche Wirtschaft zukommen. Wenn Security-Experten und Ökonomen hier nicht an einem Strang ziehen, kommen auf beide Seiten unschöne Zeiten zu.

2.10 Maßnahme

Die letzten Abschnitte waren dominiert von Schwierigkeiten, Unsicherheiten und Problemen. Kommen wir nun zu den Lösungen und damit zum eigentlichen Herzstück der Cyber Security – den Maßnahmen (engl.: control, measure, safeguard und countermeasure).

Maßnahmen im Bereich der Cyber Security dienen der Modifikation von Risiken. Nachdem wir uns bereits ausführlich mit den Begriffen Eintrittswahrscheinlichkeit, Schadenshöhe und Risiko auseinander gesetzt haben, können wir festhalten:

▶   Maßnahmen der Cyber Security modifizieren die Höhe des Risikos durch Verringerung von Eintrittswahrscheinlichkeit und/oder Schadenshöhe.

Welche Maßnahmen nun für eine Organisation richtig und wichtig sind und in welcher Reihenfolge diese umzusetzen sind, hängt direkt mit all den in den vorherigen Abschnitten behandelten Begriffen und den anhaftenden Unsicherheiten zusammen.

Welche Maßnahmen sind richtig und wichtig?

- Welche Werte möchte ich beschützen?
- Welchen Bedrohungen unterliegen die Schutzziele?
- Welche Schwachstellen könnte ein Angreifer ausnutzen?
- Zu welchen Schadensereignissen und Vorfällen könnte es kommen?
- Welche Szenarien wären denkbar?
- Mit welcher Schadenshöhe wäre dabei zu rechnen?
- Wie wahrscheinlich sind die Vorfälle und Szenarien?
- Welches Risiko ergibt sich daraus?

Wer bei der Frage der Notwendigkeit von Maßnahmen mitreden möchte, muss diese Fragen verstehen und die Bedeutung sowie die Zusammenhänge der verwendeten Schlagworte kennen – das sollte in diesem Kapitel deutlich geworden sein. Darüber hinaus ist es wichtig, zu wissen, dass die Bestimmung der Notwendigkeit von Maßnahmen teilweise hochspekulativ sein kann. Sie ist in hohem Maß von der Beurteilung vergangener Ereignisse anhand des aktuellen Stands von Forschung und Technik abhängig, aufgrund derer für die Zukunft nötige Maßnahmen festgelegt werden.

Um hier im Rahmen aller unvermeidlichen Unsicherheiten nicht vollends ins Orakeln abzurutschen, ist ein hohes Maß an Spezialisierung notwendig und die Abstützung auf anerkannte und erprobte Industriestandards und Best Practices wie die ISO/IEC 27001 oder den BSI IT-Grundschutz.

Hintergrund: Maßnahmenkatalog des BSI

Das Bundesamt für Sicherheit in der Informationstechnik (BSI) liefert mit dem BSI IT-Grundschutz eine umfangreiche Maßnahmenempfehlung, die auf der Überlegung aufbauen, dass alle bedrohten Schwachstellen mit einer Maßnahme zu versehen sind. Die Ermittlung von zweifelhaften Wahrscheinlichkeiten entfällt so. Eine Priorisierung wird nicht über das Risiko, sondern über den Schutzbedarf ermittelt, der auf einer dreistufigen Skala normal, hoch und sehr hoch angegeben wird. Zusätzlich ist jede Maßnahme einer von vier Maturitätsstufen des Security Managements zugeordnet, so dass der Einstieg erleichtert werden soll – von der Eingangsstufe bis zum Zertifikat.

Literatur

1. FIN4: Stealing Insider Information for an Advantage in Stock Trading?, FireEye Webseite (veröffentlicht am 30.11.2014, eingesehen am 15.01.2015) https://www.fireeye.com/blog/threat-research/2014/11/fin4_stealing_insid.html
2. Strafbefehle gegen Lieferdienst-Startup, Heise Online (veröffentlicht am 03.01.2013, eingesehen am 15.01.2015), http://www.heise.de/newsticker/meldung/Strafbefehle-gegen-Lieferdienst-Startup-1776645.html
3. Lieferheld schluckt Pizza.de, Heise Online (veröffentlicht am 14.08.2014, eingesehen am 15.01.2015), http://www.heise.de/newsticker/meldung/Lieferheld-schluckt-Pizza-de-2292836.html
4. Hacker veröffentlichen umfangreiche Gehaltslisten, Süddeutsche Zeitung (veröffentlicht am 04.12.2014, eingesehen am 16.01.2015), http://www.sueddeutsche.de/digital/mysterioeser-angriff-hacker-veroeffentlichen-umfangreiche-gehaltslisten-1.2251740
5. ISO/IEC 27005:2011 Information technology – Security techniques – Information security risk management (2011), International Organization for Standardization (ISO)

Wirtschaftswissenschaftliche Sicht auf die Cyber Security

Vom Homo oeconomicus zum Homo Carens Securitate

3

Geleitwort: Aus wirtschaftlichen Erwägungen heraus kann man sich manche Risiken nicht leisten – manche Risiken muss man sich deshalb aber auch leisten.

Dieses Kapitel wird das Thema Cyber Security aus einem unüblichen Blickwinkel betrachten. Anhand weiterer fiktiver und realer Beispiele werden wirtschaftswissenschaftliche Ansätze auf die Cyber Security übertragen. Bei diesem Kapitel handelt es sich daher auch um ein Gedankenexperiment. Wenn „die IT-Systeme und digitalen Infrastrukturen Deutschlands" zu den „sichersten weltweit" werden sollen, wie die Zielsetzung des im Sommer 2015 verabschiedeten IT–Sicherheitsgesetzes lautet [1], sind neue Denkansätze ebenso unumgänglich wie deren Weiterentwicklung.

3.1 Homo oeconomicus vs. Homo Carens Securitate

Die Idealvorstellung des Menschen geht davon aus, dass jeder richtig denken kann und zielgerichtet entscheidet – eine Sichtweise, die sich zum Beispiel in der Figur des Homo oeconomicus aus den Wirtschaftswissenschaften manifestiert.

Der Homo oeconomicus trifft seine Entscheidungen auf Grundlage von

- Maximierung des eigenen Gewinns,
- vollkommener Voraussicht und
- unendlich schneller Reaktionsfähigkeit.

© Springer Fachmedien Wiesbaden 2015
S. Klipper, *Cyber Security*, essentials, DOI 10.1007/978-3-658-11577-7_3

Weiterhin gilt nach diesem Modell, dass es ein Homo oeconomicus nur mit Partnern zu tun hat, die über die gleichen Fähigkeiten verfügen [13]. Gehen wir in einem ersten Schritt davon aus, dass Mitarbeiter auch bei sicherheitsrelevanten Entscheidungen nach diesem Muster funktionieren würden und betrachten als Beispiel folgende Situation:

Beispiel

Jeff aus der Forschungsabteilung eines Pharma-Unternehmens bekommt per Mail eine PDF-Datei zugeschickt. „Forschung in die Ecke gedrängt: Veröffentlichungspflichten für Medikamentenstudien weiter verschärft", heißt es im Betreff. Wenn es sich bei Jeff um einen Homo oeconomicus handelt, würde das bedeuten, dass er…

1. …seinen Gewinn maximieren will und daher am Inhalt der PDF-Datei interessiert sein wird.
2. Ausgestattet mit vollkommener Voraussicht weiß Jeff, dass in der PDF-Datei nur eine alte Pressemitteilung zum Thema wiedergegeben wird und die Datei so manipuliert wurde, dass sie eine bereits bekannte Schwachstelle des PDF-Readers auf seinem PC ausnutzt und einem Angreifer so Administrator-Rechte auf Jeffs Rechner verschafft.
3. Durch die unendlich schnelle Reaktionsfähigkeit aller Beteiligten ist es möglich, dass Jeff sofort die deutsche Polizei informiert, die in Zusammenarbeit mit der US-Polizei unmittelbar nach Empfang der Mail den Wohnort des Straftäters ermittelt hat und diesen in Cincinnati verhaftet.

Da der Straftäter aus der Welt des Homo oeconomicus ebenfalls über die vollkommene Voraussicht verfügt, will er nicht ins Gefängnis, sondern ebenfalls seinen Gewinn maximieren. Daher hat er die Mail natürlich nie verschickt, weil er ja wusste, dass er sofort verhaftet werden würde. Nach dieser Theorie gibt es also gar keine interessanten Mails, keine bösartigen PDF-Dateien, und keine Jeffs, die sie anklicken könnten: Alle Sicherheitsprobleme wären gelöst.

Die Anwendung dieses Modells passt leider in keiner Weise zur Realität der Cyber Security. Es gibt Millionen manipulierte PDF-Dateien und zigtausende Jeffs, die sie öffnen. Man muss bei der Gestaltung von Sicherheitsrichtlinien stets von fehlerbehafteten, echten Menschen ausgehen, die eben nicht mit unendlicher Weisheit ausgestattet in Sekundenbruchteilen ihren Gewinn maximieren. Im Gegenteil: Echte Menschen öffnen manchmal mit unendlicher Ignoranz, drei Tage nach der Sicherheitsschulung, gegen besseres Wissen, unter Vernichtung des Quartalsgewinns des eigenen Unternehmens eine PDF-Datei, in der nur für Potenzpillen geworben wird. Dass die Reaktionsfähigkeit der Ermittlungsbehörden bei weltweiten Straftaten nicht die beste ist, ist auch kein Geheimnis.

Die Menschen mit denen Cyber Security-Experten zu tun haben, entsprechen eher einem homo carens securitate [2], einem Mensch, der den Mangel an Sicherheit leidet.

> **Der homo carens securitate trifft seine Entscheidungen auf Grundlage von**
>
> - hoher Risikobereitschaft bis hin zur Gefährdung des eigenen Gewinns und des Gewinns anderer,
> - falscher, mangelhafter oder fehlender Voraussicht und
> - einer Reaktionsfähigkeit, die weit unter der Reaktionsfähigkeit von Hackern, Crackern und Bot-Nets liegt.

Dinge, die einem Homo oeconomicus nur im Wege stehen, sind für den homo carens securitate die letzte Rettung. Leider ist es nicht so, dass Homo oeconomicus und homo carens securitate verschiedene Personen wären. Als Marktteilnehmer passen die Chefin, der Mitarbeiter der Forschungsabteilung und die Kollegen im Marketing zum Modell des Homo oeconomicus und in der Cyber Security sind die gleichen Personen homo carens securitate – am Markt haben sie es mit regulären Marktteilnehmern zu tun und in der Cyber Security mit Kriminellen, Geheimdiensten und hocheffizienten Hackergruppen.

Die beiden Modelle verdeutlichen die Situation in Unternehmen, Behörden und anderen Organisationen, in denen sich häufig Fronten bilden zwischen denen, die Unternehmen voran bringen wollen und denen, die ihnen in Form von Sicherheitsmaßnahmen vermeintlich Steine in den Weg legen.

3.2 Mikro- und Makroökonomische Sicht

Die Mikroökonomie setzt am einzelwirtschaftlichen Verhalten, also am Verhalten der einzelnen Haushalte beziehungsweise Unternehmungen an. Überträgt man die mikroökonomische Sicht auf das Thema Cyber Security stehen Fragestellungen im Vordergrund, die einzelne Unternehmen oder Haushalte betreffen. Die Makroökonomie befasst sich mit der Betrachtung und Analyse von Zusammensetzungen der mikroökonomischen Einheiten. Es interessiert also nicht der einzelne Haushalt oder das einzelne Unternehmen mit gewissen Eigenschaften, sondern zum Beispiel die Gesamtheit der Haushalte [3].

Warum soll das im Zusammenhang mit Cyber Security wichtig sein? Das Thema Cyber Security ist über den Maßstab eines einzelnen Servers oder eines einzelnen Netzwerkes hinausgewachsen. Während die IT–Sicherheit der 1990er Jahre höchstens eine betriebswirtschaftliche Bedeutung als Investition hatte, so kommt ihr heute eine volkswirtschaftliche Bedeutung zu, ohne dass dem in der Analyse von Fragestellungen der Cyber Security bisher ausreichend Rechnung getragen wird.

Beispiel: Elektronischer Personalausweis

Der neue elektronische Personalausweis (ePa) verdeutlicht das Problem anschaulich. Auf der Webseite des Bundesinnenministeriums (BMI) ist von „höchster Sicherheit", gar von „maximaler Sicherheit" die Rede [4]. Auf den Webseiten des Chaos Computer Clubs (CCC) liest sich das anders. Hier spricht man von „trügerischer Sicherheit" [5] und „erheblichen Sicherheitsproblemen" [6]. CCC-Sprecher Dirk Engling kommentierte: „Es geht hier nicht um theoretische Schwachstellen, es geht um praxisrelevantes systemisches Versagen."

Das wirft Fragen auf. Man sollte doch annehmen, dass die Hacker des CCC wissen, wovon sie reden, wenn sie von Sicherheitsproblemen sprechen – immerhin wurden sie dadurch berühmt und teilweise berüchtigt.

Diametral abweichende Einschätzungen der Sicherheit beim ePA

- Wie kann es zu derart unterschiedlichen Einschätzungen kommen?
- Warum sehen BMI und CCC die Sache anders?
- Warum können sich die Parteien in ihren Einschätzungen seit Jahren nicht annähern?

Setzt man bei diesem Thema die Brille eines Ökonomen auf, ist diese Frage gar nicht so schwer zu beantworten. In diesem Beispiel wird ein und derselbe Sachverhalt der Cyber Security aus drei verschiedenen Blickwinkeln beleuchtet: mikroökonomisch, makroökonomisch und betriebswirtschaftlich. Dass man so zu unterschiedlichen Einschätzungen kommt, werden wir sehen.

Mit der mikroökonomischen Brille

betrachtet, baut das System des ePA darauf auf, dass dieser in einem Haushalt einzusetzen ist, der ein nicht angreifbares Betriebssystem, einen wirksamen Virenschutz und eine undurchdringliche Firewall hat. Bei der Bewertung werden diese

Größen unter Ceteris-paribus-Klausel gestellt. Alle weiteren Bedrohungen werden ebenfalls ceteris paribus als nicht vorhanden betrachtet. Theoretisch ließe sich ein solcher Zustand für einen einzelnen Haushalt tatsächlich annehmen und eventuell auch technisch herstellen – wenn auch unter hohem Aufwand. Das ist der Blickwinkel des BMI und hieraus folgt: der ePA ist sicher.

Mit der makroökonomischen Brille
ist ein solcher Haushalt natürlich unmöglich auf die Zusammenfassung aller Haushalte zu übertragen. Bei der schier endlosen Zahl von Konfigurationsmöglichkeiten von Betriebssystemen, Virenscannern und Firewalls ist es heute ein technisches Faktum, dass eine gewisse Anzahl von Haushalten zu jedem Zeitpunkt unsicher sind – sei es durch technische Sicherheitslücken, die Soft- und Hardwarehersteller zu verantworten haben, oder durch Fehlkonfigurationen die zulasten des Haushalts selbst gehen. Auf diese Art und Weise sind zu jeder Zeit mehrere Millionen PCs nicht wie gefordert sicher und damit ist auch der ePA auf diesen Geräten nicht sicher zu benutzen. Das ist der Blickwinkel des CCC und hieraus folgt: der ePA ist nicht sicher.

Das beantwortet die Frage, wie es zu solch unterschiedlichen Einschätzungen in ein und derselben Sache kommen kann. Mit der mikroökonomischen Brille ist es leichter, das Sicherheitsproblem möglichst positiv darzustellen. Das Problem sticht nicht so ins Auge, wenn die getroffene Einschätzung für einen Haushalt zutrifft, in dem einige Voraussetzungen gelten müssen. Wenn man allerdings sagt, dass die gemachte Aussage nur auf 50 % der Haushalte zutrifft, drängt sich die Frage nach dem Sicherheitsproblem bei den anderen 50 % förmlich auf.

Als wissenschaftliche Disziplin sucht die Volkswirtschaftslehre nicht zuletzt nach Handlungsempfehlungen für die Politik. Ein Anspruch, den man so in der Informatik kaum wiederfindet. Auch das Thema Cyber Security unterliegt in der Politik eher einer wirtschaftlichen Steuerung. Problematisch ist das, weil auf Seiten der betroffenen Wirtschaft der Fokus nicht unbedingt auf den technischen Problemen liegt.

Das hier besprochene Beispiel zeigt auch, wie wichtig es ist, die zu Beginn dieses Essentials erläuterten Begriffe richtig anwenden zu können. Das Beispiel soll also noch etwas vertieft werden:

Die Einschätzung der Experten vom CCC wird im gleichen Atemzug abgetan, mit dem Hacker als Bedrohung für die Sicherheit bezichtigt werden. Wenn also die Hacker selbst sagen, dass der ePA nicht sicher sei, es „erhebliche Sicherheitsprobleme" gäbe und diese ein „systemisches Versagen" konstatieren, wie kann man diese Aussage dann nicht ernst nehmen? Hacker und ihr Know-how einerseits als Bedrohung anzusehen, Schwachstellen jedoch, auf die sie aufmerksam machen, zu leugnen, ist nicht folgerichtig. Zur Erinnerung noch einmal die Definition einer Schwachstelle:

► Eine Schwachstelle bezüglich eines Werts, ist eine gewollte oder ungewollte Eigenschaft, die einer Bedrohung ausgesetzt ist und ein Schadensereignis erst ermöglicht.

Wenn nun quasi die Bedrohung selbst auf die Schwachstelle aufmerksam macht, ist es unerheblich, ob die angreifbare Eigenschaft gewollt oder ungewollt war. Entscheidend ist, dass sie zu einem Schadensereignis führen kann. Ob das richtig ist, entscheidet die Bedrohung, also der Hacker. Kommt nun zum Know-how noch die kriminelle Absicht hinzu, ist die versprochene „höchste" und „maximale Sicherheit" dahin. Bei der Einschätzung des BMI könnte man also nur bleiben, wenn man hier kriminelle Absichten abstreiten würde. Ausweise werden aber schon so lange missbraucht und gefälscht, wie es sie gibt. Warum sollte das jetzt plötzlich nicht mehr so sein? Vor allem dann, wenn der Innenminister selbst Identitätsdiebstahl als schlagzeilenträchtige Aufgabe propagiert und „die IT-Systeme und digitalen Infrastrukturen Deutschlands" zu den „sichersten weltweit" werden sollen [7].

Machen wir nun den Sprung von der Volkswirtschaftslehre zur Betriebswirtschaftslehre und stellen anhand des ePA-Beispiels die Frage, wie sich Cyber Security aus der betriebswirtschaftlichen Sicht darstellt.

3.3   Betriebswirtschaftliche Sicht

Neben der volkswirtschaftlichen Sicht auf Themen der Cyber Security spielt die betriebswirtschaftliche Sicht ebenfalls eine wichtige Rolle. Die Betriebswirtschaftslehre befasst sich weniger abstrakt mit der Beschreibung und Erklärung unternehmerischer Entscheidungsprozesse. Die Wirtschaftsinformatik hat wichtige Wurzeln in der Betriebswirtschaftslehre. Die betriebswirtschaftliche Sicht auf die Informatik hat also eine eigene Wissenschaftsdisziplin und dementsprechend gibt es vielfältige Publikationen zu betriebswirtschaftlichen Aspekten der Cyber Security wie zum Beispiel spezielle Return-on-Security-Invest-Modelle (ROSI) [8].

Mit der betriebswirtschaftlichen Brille
betrachtet, ist der ePA eine Investition in Höhe von weit über 50 Mio. € [5]. Seine Entwicklung wurde in Auftrag gegeben und seine Merkmale wurden vertraglich

festgelegt. Betriebswirtschaftlich handelt es sich beim ePA vor allem um ein Geschäft.

Denken Sie an das Zitat zu Beginn dieses Kapitels: „Es gibt Risiken, die einzugehen du dir nicht leisten kannst und es gibt Risiken, die nicht einzugehen du dir nicht leisten kannst!" Beim ePA handelt es sich um ein Risiko, das einzugehen man sich als einzelner Bürger nicht leisten kann und das nicht einzugehen man sich als Politiker nicht (mehr) leisten kann.

Wenn man öffentlichkeitswirksam mehr als 50 Mio. € für eine Sicherheitsmaßnahme ausgegeben hat, kann man nicht einfach eine Kehrtwende machen. Man kann vor allem nicht als Konsequenz auf einen Status quo zurückfallen, der noch unsicherer war und wieder von vorne anfangen. Wer das Projekt jetzt aus Sicherheitsbedenken stoppen würde, würde alle bisher mit dem ePA legitimierten Transaktionen in Frage stellen. Dafür ist es jetzt – betriebswirtschaftlich – zu spät. Das wäre politischer und wirtschaftlicher Selbstmord.

Beispiel: Business-Case Online-Banküberfall

Anfang 2015 sorgte ein Banküberfall bisher nicht dagewesenen Ausmaßes für Aufsehen. Die sogenannte Carbanak-Bande erbeutete im Rahmen eines Cyber Angriffs bei über hundert Banken bis zu einer Milliarde Dollar [9]. Ein namhafter Security Anbieter verkündete daraufhin in seinem Blog, dass es mit seinem Produkt nicht zu den Überfällen gekommen wäre [10]. So einfach ist das aber nicht. Auch mit der entsprechenden Security-Software in den durch Carbanak betroffenen Geldhäusern hätte es einen Angriff in ähnlicher Form gegeben: in anderen Geldhäusern irgendwo auf der Welt. Carbanak hätte auf diesem Wege höchstens verhindert werden können, wenn die Software in allen Geldhäusern der Welt installiert worden wäre. Dann jedoch stellt sich die Frage, ob ein Security-Anbieter das für weniger als einer Milliarde als Service anbieten würde.

Allein in Deutschland gibt es über 2000 Kreditinstitute, weltweit entsprechend mehr. Setzt man die gesamte, weltweite Schadensumme als Rechengrundlage an, ergäbe das nur für die deutschen Banken in diesem risikoorientierten Business-Case einmalig maximal 500.000 EUR pro Institut – weltweit entsprechend weniger. Mit diesem Geld müsste die Software ausgerollt und dauerhaft betrieben werden. Investitionskosten der Sicherheitsmaßnahme und Schadenshöhe ergeben hier keinen erkennbaren Business-Case, der die Investition in die Sicherheitssoftware auf Grundlage des Carbanak-Falls rechtfertigt.

3.4 Bedeutungszusammenhang

Man kann den Carbanak-Fall (und auch andere Fälle) aus unterschiedlichen Blickwinkeln betrachten. Einmal aus Sicht der Gesellschaft, die Banküberfälle verhindern will, um Vermögen zu schützen und kriminelles Handeln zu verhindern. Aus dieser Sicht ist der Diebstahl von einer Milliarde nicht zu akzeptieren. Hinter dem Beutezug steckt wahrscheinlich eine international agierende kriminelle Organisation und es kann niemals im Sinne der Gesellschaft sein, dass eine solche Organisation jetzt eine Milliarde zusätzlicher Finanzmittel zur Verfügung hat.

Aus Sicht des einzelnen Unternehmens oder eines bestimmten Sektors kommt man aber unter Umständen zu abweichenden Ergebnissen. Das liegt an der unterschiedlichen Sichtweise. Im Gegensatz zu einem klassischen Banküberfall geht es bei einem Online-Banküberfall nicht unmittelbar um Leib und Leben von Angestellten. Die Frage, ob man als einzelnes Geldhaus aufgrund des Carbanak Vorfalls in eine Sicherheitssoftware investieren will, wird so zu einem einfach zu berechnenden Business-Case. Ist das Risiko (Schadenshöhe mal Eintrittswahrscheinlichkeit) geringer als die Kosten der Maßnahme, dann „lohnt" es sich, das Risiko einzugehen. Erst wenn die Maßnahme günstiger ist als das Risiko, fällt die Entscheidung zugunsten der Sicherheitsmaßnahme.

▶ Unterschiedliche Sichtweisen führen zu unterschiedlichen Aussagen.

Diese Überlegungen sollen beispielhaft verdeutlichen, auf welcher Grundlage es zu teils diametral voneinander abweichenden Aussagen zur Cyber Security kommen kann. Ich bin überzeugt, dass Anbieter solcher Softwarelösungen die Dinge anders sehen. Es geht ausdrücklich nicht darum, dass die eine Partei Recht hat und die andere Unrecht. Alle Parteien haben auf ihre Art Recht und müssen lernen zu akzeptieren, dass man weder die eine oder die andere Auffassung in der Realität so widerlegen kann, dass sie übertragbar wäre.

Darüber hinaus ist es ein großer Unterschied, ob man eine Fragestellung gesamtgesellschaftlich betrachtet, aus betriebswirtschaftlicher Sicht oder mit der technischen Brille.

Technisch liegen die Dinge meist einfacher. Entweder ein System hat eine Schwachstelle, oder es hat keine. Sobald aber „weichere" Fragestellungen hinzukommen, die sich zusätzlich um die Begriffe Bedrohung, Wahrscheinlichkeit und Schadenshöhe drehen, geht die Schere der möglichen Standpunkte auseinander. Erinnern wir uns an die in Kap. 2 beschriebenen Herausforderungen, die aufgrund der üblicherweise in der IT-Security genutzten Ordinalskalen entstehen (zum Beispiel: gering, mittel und hoch). Selbst professionellste Security-Abteilungen arbeiten mit diesen Skalen und niemand findet das komisch; dieses Vorgehen ist Teil international anerkannter Industriestandards.

▶ Bei den beschriebenen Skalenproblemen der Security handelt es sich um einen Geburtsfehler.

▶ Die in der Security genutzten Ordinalskalen führen zu extrem schwer zu überbrückenden Sprachbarrieren mit wirtschaftlichen Entscheidern.

Setzen Sie die betriebswirtschaftliche Brille auf und stellen Sie sich folgendes fiktives Vorstandsmeeting vor, in dem der Vorstandsvorsitzende von seinen Kollegen wissen möchte, wie hoch der Quartalsgewinn war.

Beispiel: Vorstandsmeeting in gering-mittel-hoch

Der Vorstandsvorsitzende fragt seine Kollegen, wie die Umsätze im dritten Quartal waren. Einer antwortet: „Uh, die waren hoch!" Der Vorsitzende fragt nach: „Und die Gewinne?" Der Kollege wieder: „Die waren eher mittel". Der Chef will wissen, woran das lag und der Marktvorstand antwortet: „Wir hatten ja in der Vergangenheit immer hohe Margen, aber in Q2 fielen sie auf mittel und in Q3 waren es dann nur noch geringe Margen." Dem Chef reicht das nicht. Er will endlich wissen, wie hoch der Gewinn denn jetzt genau war – in Euro. Darauf der Finanzvorstand: „Ach so! Sagen sie das doch gleich. Der Gewinn war mittel und damit exakt zwischen 50 und 500 Millionen!"

Denken Sie der Vorstandsvorsitzende ist mit der Antwort zufrieden? Betrachten wir ein ähnliches Meeting mit abweichender Besetzung:

Beispiel: Cyber Security Meeting in gering, mittel, hoch

Der Chief Information Security Officer (CISO) fragt seine Kollegen, wie die Bedrohung im ersten Quartal war. Einer antwortet: „Uh, die war hoch!" Der CISO fragt nach: „Und das Risiko?" Der Kollege wieder: „Das wahr eher mittel". Der Chef will wissen, woran das lag und der Risk-Management-Experte antwortet: „Wir hatten ja in der Vergangenheit immer hohe Angriffswahrscheinlichkeiten, aber in Q2 fielen sie auf mittel und in Q3 waren es dann nur noch geringe Wahrscheinlichkeiten." Dem Chef reicht das nicht. Er will endlich wissen, wie hoch das Risiko denn jetzt genau war – in Euro. Darauf der Risk-Management-Experte: „Ach so! Sagen sie das doch gleich. Das war mittel und damit exakt zwischen 50 und 500 Millionen!"

Das erste Beispiel befasst sich mit konkreten Zahlen der Vergangenheit, das zweite mit Prognosen für die Zukunft. Das überspitzt die zu verdeutlichenden Unterschiede. Aber selbst wenn man das erste Beispiel mit Zukunftsprognosen umformulieren würde, wären die Unterschiede zwischen den Zeilen deutlich spürbar. Das liegt daran, dass man sich als Ökonom immer auf sehr konkrete Zahlen der Vergangenheit stützen kann und daraus Prognosen entwickelt, während das in der Security nicht möglich ist. Die Cyber Security kann sich aktuell fast nur auf Experteneinschätzungen und Studienergebnisse stützen.

Zwei Dinge werden an diesen fiktiven Beispielen deutlich:

►   Das Thema Cyber Security ist betriebswirtschaftlich schwerer zu fassen als mit volkswirtschaftlichen Ansätzen, obwohl es betriebswirtschaftlich besser erforscht ist.

►   Die professionelle, zahlenbasierte Entscheidungsfindung in Unternehmen kann beim Thema Cyber Security nicht ausreichend konkret mit Eingangsgrößen versorgt werden. Das Maß an Unsicherheit in den Größen Bedrohung, Wahrscheinlichkeit und Schadenshöhe ist zu hoch.

Allen wirtschaftswissenschaftlichen Überlegungen liegt der Gedanke der Knappheit vorhandener Ressourcen zu Grunde. Wenn nun eine Security-Investition gegen eine Investition in neue Marktchancen abgewogen werden soll, dann konkurriert meist ein sehr konkreter positiver Business-Case gegen einen Business-Case, dessen Gewinn sich aus vermiedenen, zukünftigen Schadensereignissen errechnet.

Unternehmen erschließen sich neue Märkte, in dem sie die Chancen sehen. Kennen Sie eine unternehmerische Erfolgsgeschichte, die damit beginnt, dass ein Unternehmen die Risiken ihres Markts erkannt hat?

Cyber Security ist in vielfältiger Hinsicht eine Glaubens- und Vertrauensfrage. Vertraut man den Security-Experten und schenkt ihren (düsteren) Prognosen glauben, oder investiert man in eine Marktchance mit verlockenden Erfolgsaussichten? Die Frage, ob man in der Post-Snowden-Ära daran glaubt, dass die Investition in die Zukunft auch ausreichend geschützt ist, ist damit allerdings unbestreitbar verbunden. Es geht um die Frage, ob man an die Bedrohung glaubt, das kurz vor Markteinführung die Konkurrenz aus Asien oder Übersee mit einem vergleichbaren und billigeren Produkt auf den Markt kommt, weil man sich dort die Entwicklungskosten gespart und auf Industriespionage gesetzt hat. Diese Frage wird auch zukünftig eine Glaubensfrage mit hoher Unsicherheit bleiben, weil man auch auf absehbare Zeit keine konkreteren Zahlengrundlagen haben wird und Geheimdienste und Kriminelle ihre Zukunftsstrategie noch seltener mitteilen als Konkurrenten.

Ob man sich für oder gegen Security-Investitionen entscheidet, ist keine technische, sondern eine unternehmensstrategische Frage. Es geht letztlich darum, ob man bei einem zukünftigen Cyber-Angriff auf der Verliererseite stehen will oder nicht.

***

Dieses Kapitel hat das Thema Cyber Security in einem unüblichen Licht betrachtet. Anhand einiger fiktiver und realer Beispiele wurden wirtschaftswissenschaftliche Ansätze auf die Cyber Security angewendet – mit wichtigen Schlussfolgerungen.

Welche Schlussfolgerungen erwachsen aus den bisherigen Überlegungen?

- Durch die Beschäftigung mit dem homo carens securitate legt man in der Cyber Security einen von den Wirtschaftswissenschaften stark abweichenden Ansatz zugrunde.
- Cyber Security ist eines der wichtigsten Zukunftsthemen unserer Zeit und daher gesamtgesellschaftlich relevant.
- Cyber Security kann aus ebendiesem Grund nicht allein technisch betrachtet werden.
- Themen der Cyber Security dürfen nicht nur aus einzelnen Blickwinkeln betrachtet werden, weil sonst Missverständnisse und argumentative Sackgassen drohen.
- Aus wichtigen Teilgebieten der Wirtschaftswissenschaften lassen sich für die Cyber Security Sichtweisen adaptieren, die dabei helfen, ursprünglich technische Fragestellungen in ihrer Bedeutung besser zu verstehen.
- Cyber Security ist kein technisches Thema, sondern eine Frage der Unternehmensstrategie.

In Summe bedeutet das, dass wirtschaftswissenschaftliches Know-how in der Cyber Security unterrepräsentiert ist, ebenso wie Security Know-how in den Wirtschaftswissenschaften. Ökonomen könnten bei der Lösung von manch festgefahrener Diskussion einen wertvollen Beitrag leisten, wenn es hier zu einem verstärkten Know-how-Transfer in beide Richtungen käme.

▶ Wirtschaftswissenschaftlich geprägte Entscheider aus Wirtschaft und Politik sollten sich stärker an der Diskussion zur Cyber Security beteiligen.

▶ Technische Aspekte sollten dabei eine untergeordnete Rolle spielen, es muss verstärkt um wirtschaftliche Aspekte gehen.

▶ Nur durch die Zusammenarbeit aus wirtschaftswissenschaftlichem und technischem Know-how können aktuelle Herausforderungen ausreichend durchdrungen und überwunden werden.

▶ Die wirtschaftswissenschaftliche Forschung sollte das Thema Cyber Security verstärkt aufgreifen.

Durch die gewachsene Bedeutung der Cyber Security als eines der wichtigsten Zukunftsthemen unserer Zeit ist auch die mit ihr verbundene Herausforderung gewachsen. Die Aufgabe besteht nicht mehr nur daraus, einzelne Sicherheitskomponenten aufzubauen, möglichst sicher zu betreiben und einzelne Unternehmen abzusichern.

Cyber Security ist nicht nur für einzelne Unternehmen von herausragender Bedeutung sondern für die Gesamtheit an Unternehmen. Die Angriffslast auf dem schützenden Dach der Cyber Security wächst und es ereignen sich immer wieder schwerwiegende Durchbrüche, wie die in diesem Buch erwähnten aktuellen Beispiele zeigen – mit stetig wachsendem Schadenspotential bis hin zur Zerstörung von Unternehmen.

Ob eine Bedrohung existiert, entscheiden nicht die betroffenen Personen oder Organisationen sondern Angreifer und Experten mit Angriffs-Know-how. Einzig über Eintrittswahrscheinlichkeit und Schadenshöhe lohnt es sich, unterschiedlicher Auffassung zu sein. Um sich bei der Einschätzung dieser Größen nicht in Sackgassen zu verlaufen, müssen wirtschaftliche, politische und technische Blickwinkel gleichermaßen berücksichtigt und letzten Endes zu einem Gesamtbild zusammengeführt werden, was bisher zu selten geschieht.

▶ Wenn „die IT-Systeme und digitalen Infrastrukturen Deutschlands" zu den „sichersten weltweit" werden sollen [7], müssen Politik, Wirtschaft und Technik an einem Strang ziehen.

▶ Man erreicht eine weltweite Marktführerschaft nicht im Alleingang – weder Volkswirte, noch Politiker, noch Kaufleute, noch Techniker.

Der betriebswirtschaftliche Spagat, in dem die Akteure und Entscheider festhängen, findet seinen Ursprung in der Komplexität unserer digitalen Zukunft. Diese stellt selbst renommierte Sicherheitsexperten vor eine Herausforderung, die ohne Mitwirkung der Top Entscheider in Unternehmen, Behörden und der Politik nicht zu bewältigen ist.

Bruce Schneier zu Sicherheitslösungen und den damit verbundenen Kosten

In seinem Bestseller Secret & Lies [11] macht der weltweit renommierte Sicherheitsexperte Bruce Schneier einige bemerkenswerte Aussagen zur wirtschaftlichen Effizienz von technischen Sicherheitsmaßnahmen. Im Vorwort schreibt er: „Falls Sie glauben, dass Technologie Ihre Sicherheitsprobleme lösen kann, verstehen Sie die Probleme nicht, und Sie haben von Technologie keine Ahnung." Er kritisiert damit auch sein ebenfalls als Bestseller verkauftes Buch Applied Cryprography, in dem er Technik nach eigener Aussage „ziemlich naiv" als die Lösung aller Probleme beschrieb. Im Kapitel „Die Zukunft der Sicherheitsprodukte" schreibt er weiter: „Komplexität ist der schlimmste Feind von Sicherheit. Sichere Systeme sollten abgespeckt und so einfach wie möglich gemacht werden. Es gibt keinen Ersatz für Einfachheit. Leider geht Einfachheit gegen alles, was unsere digitale Zukunft repräsentiert." Und: „Der Markt belohnt echte Sicherheit nicht. Echte Sicherheit ist schwieriger, langsamer und teurer in der Entwicklung und Implementierung."

3.5   Rechtliche Sicht

Studenten der Wirtschaftswissenschaften werden auch mit den für sie relevanten juristischen Grundlagen vertraut gemacht. Aktiengesetz, GmbH-Gesetz, Handelsgesetzbuch und andere Rechtsvorschriften werden thematisiert. Dementsprechend sollte jeder wirtschaftswissenschaftlich geprägte Entscheider wissen, das IT-Sicherheit keine freiwillige Angelegenheit sondern gesetzlich vorgeschrieben ist. Hieraus leiten sich zum Beispiel unmittelbare Handlungs- und Haftungsverpflichtungen der Geschäftsführung bzw. des Vorstands eines Unternehmens ab. Dies ist allerdings laut Aussage des BSI „noch nicht hinreichend bekannt" [12].

Die Fülle der zu berücksichtigenden Gesetzesgrundlagen und resultierender Maßnahmen würde ein eigenständiges Buch füllen. Hier soll daher zur Sensibilisierung nur ein Überblick [12] über gesetzliche Regelungen mit Bezug zur Informationssicherheit gegeben werden. Dieses Buch greift darüber hinaus die mahnende Empfehlung des BSI auf: „Lassen Sie sich zu Ihrer Sicherheit die individuelle Rechtslage von einem Experten erklären!"

Das Aktiengesetz
enthält eine persönliche Haftung des Vorstands, wenn Risikomanagement und Maßnahmen zur Risikomodifikation nicht ausreichen (§ 91 Abs. 2 und § 93 Abs. 2 AktG).

Das GmbH-Gesetz
enthält die relevante Forderung an „die Sorgfalt eines ordentlichen Geschäftsmannes" (§ 43 Abs. 1 GmbHG).

Das Handelsgesetzbuch
überträgt die im Aktiengesetz genannten Pflichten des Vorstands auch auf den eigenen Geltungsbereich (§ 317 Abs. 4 HGB). Abschlussprüfer werden verpflichtet zu prüfen, „ob die Risiken der künftigen Entwicklung zutreffend dargestellt sind" (§ 317 Abs. 2 HGB).

Das Gesetz zur Kontrolle und Transparenz im Unternehmensbereich (KonTraG)
ergänzt verschiedene Gesetze wie das Handelsgesetzbuch und das Aktiengesetz in diesem Zusammenhang insbesondere um die Forderung nach einem Risikomanagement.

Die Datenschutzgesetze des Bundes und der Länder
regeln den Umgang mit personenbezogenen Daten. Auch hier können persönliche Haftungen entstehen. Das Gesetz über den Datenschutz bei Telediensten und die Telekommunikations-Datenschutzverordnung spielen hier ebenso eine Rolle.

Das Strafgesetzbuch
stellt das Schutzziel Vertraulichkeit bei bestimmten Berufsgruppen wie Ärzten, Rechtsanwälten oder Angehörigen sozialer Berufe unter besonderen Schutz, der sogar Freiheitsstrafen vorsieht, wenn Patienten, Mandanten bzw. Klienten betroffen sind (§ 203 StGB).

Der Verbraucherschutz bei der Verwendung von Informationstechnik, Internet oder Telekommunikationsdiensten
wird zum Beispiel im Gesetz zur Nutzung von Telediensten, im Telekommunikationsgesetz, im Mediendienste-Staatsvertrag, im Urheberrecht sowie in verschiedene Richtlinien auf EU-Ebene berücksichtigt.

Das neue IT–Sicherheitsgesetz
enthält weitere umfangreiche Regelungen, wie Berichtspflichten für Unternehmen und Prüfungsrechte des BSI.

Literatur

1. Bundesregierung beschließt IT-Sicherheitsgesetz: Die IT-Systeme und digitalen Infrastrukturen Deutschlands sollen zu den sichersten weltweit werden. Webseite des BMI (veröffentlicht am 17.12.2014, eingesehen am 24.01.2015), http://www.bmi.bund.de/SharedDocs/Kurzmeldungen/DE/2014/12/bundeskabinett-beschlie%C3%9Ft-it-sicherheitsgesetz.html
2. Sebastian Klipper (2015), Konfliktmanagement für Sicherheitsprofis. 2. Aufl., Springer Vieweg, Wiesbaden
3. Paul Engelkamp, Friedrich L. Sell (1998), Einführung in die Volkswirtschaftslehre. Springer, Berlin
4. Der Personalausweis. Webseite des BMI (eingesehen am 16.01.2015), http://www.personalausweisportal.de/DE/Buergerinnen-und-Buerger/buerger_node.html
5. Trügerische Sicherheit: Der elektronische Personalausweis. Chaos Computer Club (veröffentlicht am 15.09.2013, eingesehen am 22.01.2015), http://ccc.de/de/updates/2013/epa-mit-virenschutzprogramm
6. Praktische Demonstration erheblicher Sicherheitsprobleme bei Schweizer SuisseID und deutschem elektronischen Personalausweis. Chaos Computer Club (veröffentlicht am 15.09.2013, eingesehen am 22.01.2015), http://www.ccc.de/de/updates/2010/sicherheitsprobleme-bei-suisseid-und-epa
7. Innenminister will gegen Identitätsdiebstahl vorgehen. Stern Online (veröffentlicht am 19.08.2014, eingesehen am 22.01.2015), http://www.stern.de/news2/aktuell/innenminister-will-gegen-identitaetsdiebstahl-vorgehen-2131959.html
8. Sebastian Klipper (2015), Information Security Risk Management. 2. Aufl., Springer Vieweg, Wiesbaden
9. Der große Bankraub: Cybergang „Carbanak" stiehlt eine Milliarde US-Dollar von 100 Finanzinstituten weltweit. Kaspersky Lab (veröffentlicht am 15.02.2015, eingesehen am 26.02.2015), http://newsroom.kaspersky.eu/de/texte/detail/article/der-grosse-bankraub-cybergang-carbanak-stiehlt-eine-milliarde-us-dollar-von-100-finanzinstitu
10. Yiftach Keshet, Sophisticated? Palo Alto Networks Traps Would Have Prevented the Carbanak Campaign. Palo Alto (veröffentlicht am 17.02.2015, eingesehen am 26.02.2015), http://researchcenter.paloaltonetworks.com/2015/02/sophisticated-palo-alto-networks-traps-would-prevent-the-carbanak-campaign/?hvid=2LvdrV
11. Bruce Schneier (2001) Secrets & Lies: IT-Sicherheit in einer vernetzten Welt. dpunkt. verlag, Heidelberg
12. Leitfaden Informationssicherheit: IT-Grundschutz kompakt. Herausgeber: Bundesamt für Sicherheit in der Informationstechnik, Februar 2012, Artikelnummer: BSI-Bro12/311
13. Günther Wöhe (2005), Einführung in die Allgemeine Betriebswirtschaftslehre. 22. neubearbeitete Auflage, Vahlen, München

Schluss 4

> *Geleitwort zum Schluss: Wir müssen alles irgendwann*
> *zu Ende bringen, weil am Ende sonst zu viel*
> *zusammenkommt.*

Dieses Zitat gilt insbesondere für ein Buch, dass in der Essentials-Reihe erscheint. In der Kürze liegt hier die Würze, auch wenn das Thema gut und gerne auch 200 Buchseiten und mehr füllen könnte. Betrachtet man alle Aspekte, könnte man ein ganzes Regal mit Literatur füllen. Dieses Buch beschreibt die seit Jahren unveränderten Begriffe, mit denen Security-Themen besprochen werden und zeigt den aktuellen Stand der Entwicklung auf. Zusätzlich liefert es einen neuen, fachübergreifenden Denkansatz und fordert einen neuen Blickwinkel auf die Herausforderungen der Cyber Security. Die wichtigste Botschaft ist, dass der Bedarf fachübergreifend und gemeinsam an einer Lösungsfindung zu arbeiten nie größer war, als in unserer Zeit.

Ich freue mich, Ihnen einen Einblick in das Thema Cyber Security an die Hand geben zu können, der Sie in die Lage versetzt, die gemeinsame Herausforderung anzunehmen, vor die uns Kriminelle, Geheimdienste, unzufriedene Mitarbeiter und andere destruktive Kräfte täglich stellen. Gerne stehe ich Ihnen für Fragen und Anregungen zur Verfügung. Die hier vorgetragenen Denkansätze sollten weiter ausgebaut und diskutiert werden.

Als Experte für Cyber Security und Management von Informationssicherheit biete ich Beratungsleistung, Vorträge, Keynotes und Workshops an. Sprechen Sie mich bitte direkt an. Ich freue mich, wenn wir uns in Zukunft auch persönlich kennenlernen.

Sebastian Klipper
im Herbst 2015
mail@sebastianklipper.info

© Springer Fachmedien Wiesbaden 2015
S. Klipper, *Cyber Security,* essentials, DOI 10.1007/978-3-658-11577-7_4

Was Sie aus diesem Essential mitnehmen können

- Grundlegende Begriffe und Denkansätze der Cyber Security
- Pflicht-Know-how für Ökonomen aus Lehre, Forschung und Praxis
- Kompetenz für eines der wichtigsten Zukunftsthemen unserer Zeit

© Springer Fachmedien Wiesbaden 2015
S. Klipper, *Cyber Security,* essentials, DOI 10.1007/978-3-658-11577-7